Wolfgang Bayer, Christoph Gottlieb von Murr

Herrn P. Wolfgang Bayers, ehemaligen americanischen Glaubenspredigers

der Gesellschaft Jesu, Reise nach Peru

Wolfgang Bayer, Christoph Gottlieb von Murr

Herrn P. Wolfgang Bayers, ehemaligen americanischen Glaubenspredigers
der Gesellschaft Jesu, Reise nach Peru

ISBN/EAN: 9783744699754

Hergestellt in Europa, USA, Kanada, Australien, Japan

Cover: Foto ©Andreas Hilbeck / pixelio.de

Weitere Bücher finden Sie auf **www.hansebooks.com**

Herrn P. Wolfgang Bayers,

ehemaligen americanischen Glaubenspredigers
der Gesellschaft Jesu,

Reise

nach

Peru.

Von ihm selbst beschrieben.

Herausgegeben

von

C. G. von Murr.

Nürnberg,
bey Johann Eberhard Zeh.
1776.

Nachdem ich von meinem Obern den Auftrag
erhielt, dem Heile der Seelen in Westindien zur größern Ehre Gottes obzuliegen, faßte ich
den Entschluß, mein Vaterland zu verlassen, und diese so weite, und gefährliche Reise, aus Liebe Gottes,
und des Nächsten, auf mich zu nehmen, die ich auch
wirklich den 14ten Februar, 1749, im acht und
zwanzigsten Jahre meines Alters mit noch drey andern aus unserm Orden zu Wirzburg antrat.   In
Bamberg beurlaubte ich mich von meinen Aeltern und
Anverwandten, und setzte meine Reise über Nürnberg
nach Augsburg fort.   Hier muste ich mich länger
verweilen, biß die andern Jesuiten, mit welchen ich
nach Italien reisen sollte, von dem obern Rheinstrome
ankamen.   Den 28 Februar verließ ich mit noch neun
Reisegefährten diese schöne Reichsstadt, und erblickte
nach einigen Tagen in dem kleinen Städtchen Weil-
heim die großen Berge von Tyrol, deren hohe Spitzen
weit über die Wolken hervorschimmerten.

2. März. Erreichte gegen Sonnen Untergang
die Oefnung dieses Gebirges, und übernachtete in
dem Gasthause eines Wirthes, der sich zehn Jahre in
Spanien aufgehalten hatte. Ich hörte von ihm mit
Freuden die Sitten, Gebräuche und Lebensart der
Spanier, und er versicherte mich, daß er niemal
wieder nach Deutschland zurückgereiset wäre, wenn
ihn nicht seine üble Gesundheit dazu vermüßiget hätte.
Er sagte mir, daß allda solche Leute anzutreffen wären, die gegen die Deutsche sehr wohl gesinnt,
und mit ihnen das Herz theilten. Zum Abschiede gab
er mir ein in spanischer Sprache gedrucktes Büchlein,
damit ich mich schon auf der Reise darinn üben könnte. Nachdem wir über Inspruck, Bozen, Trient
und Roveredo zu Brescia angekommen waren, über-
sandten Seine Eminenz Herr Cardinal Quirini, da-
maliger Bischoff, mir und meinen Reisegefährten
frische Weintrauben nebst andern guten Baumfrüchten in das Haus der Herren Jesuiten. Wir machten
ihm am folgenden Tage unsere unterthänigste Aufwartung, und nachdem wir seinen schönen und herrlichen
Büchersaal gesehen hatten, wurden wir von ihm,
nach einem langen Gespräche, in höchsten Gnaden
mit seinem bischöflichen Seegen entlassen.

Ich setzte von hier meine Reise nach Mayland
fort, wo ich bey Sonnen Untergange anlangte, und
in unserm Profeßhause abtrat. Ich besah alles
Merkwürdige dieser großen Stadt, kam sodann nach
Pavia,

Pavia, und durch etliche Dorfschaften des Gebietes von Savoyen, wo ich und meine Gefährten in einem Gasthause gefragt wurden, ob die Deutschen auch in der Fasten Frösche äßen? Wir antworteten, ja; da sie aber auf den Tisch gebracht wurden, waren es nicht nur die hintern Fröschschenkel, sondern die ganze geschundene Frösche mit ihrem Ingeweide, in einer wohlriechenden Brühe eingemacht. Wir sahen einander mit lachendem Munde an, und es vergieng uns aller Lust in Italien Frösche zu essen. Die Frau Wirthin verwunderte sich sehr, daß wir von einer so guten Speise nicht essen wollten; allein wir sagten ihr, daß die Deutschen nur allein die hintern Schenkel der Frösche zu essen pflegen; worauf sie ganz zornig sagte: So müssen die Deutschen sehr vernaschte Mäuler haben, und nicht wissen, wie die Frösche zu essen sind. Bey Sonnenuntergange langte ich am Poflusse an, über diesen wurden wir samt der Kutsche und Pferden auf einer fliegenden Brücke übergesetzet. Es überfiel uns auf der andern Seite des Flusses die Nacht, welche so finster eintrat, daß der Kutscher kaum den Weg mehr erkennen konnte. Wir wurden mit samt der Kutsche, doch ohne Schaden, umgelegt. Der Kutscher erblickte endlich einige Lichter auf einer Anhöhe, wohin er alsobald seine Pferde und Kutsche richtete. Allein die Strasse war so schlimm und bodenloß, daß er mehr als zwo Stunden mit seinen Pferden zu arbeiten hatte, biß er die Anhöhe errei-

A 3   chen

chen konnte. Allda fanden wir einige Bauernhütten, und übernachteten in einer derselben auf Stroh, mit fast leeren Mägen, weil nichts anders aufzutreiben war, als wenige Eyer. Bey anbrechendem Tage machte ich mich auf, und kam über Tortona und Novi, welches eine kleine Stadt im genuesischen Gebiete ist, des Nachts nach Gavi, allwo ich von einem deutschen Officier, der den allda liegenden Truppen vorstund, sehr höflich, ob er schon ein Calvinist war, empfangen wurde. Da in der ganzen Stadt kein leeres Wirthshaus mehr für uns anzutreffen, versah er uns mit Betten und Quartier, ließ auch unsere Kutsche und Geräthschaft die Nacht hindurch mit seinen Soldaten bewachen.

Den 21 März langte ich endlich um 9 Uhr Vormittags zu Genua an. So bald die große Strasse, so Strada Balbi genennet wird, ein Ende hatte, musten alle unsere Sachen in das Profeshauß unseres Ordens getragen werden, weil kein Fuhrwerk mehr, wegen der engen Gassen, zu gebrauchen ist.

Als ich mich zween Monate und etliche Wochen in Genua aufgehalten, gieng ich endlich am 28sten May zu Schiffe, meine Reise über das mittelländische Meer nach Cadix fortzusetzen. Das Schiff nennte sich Neptun, und war ein englisches. Es führte drey große Mastbäume, 14 Feldstücke, 4 Anker, deren der größte 12 Centner wog. Es trug 7000 Centner, ohne die Schiffsnothwendigkeiten

Eßwaaren,

Eßwaaren, und Menschen, deren 51 waren, mitzu-
rechnen. Der Schiffcapitain, ein Engländer, war
ein in dem Seewesen sehr erfahrner, überaus höfli-
cher Mann, zugleich aber ein sehr hartnäckiger Frey-
geist. Er wollte durchaus nicht glauben, und
zugeben, daß die Todsünden, so nur ein endliches von einem endlichen Geschöpfe begangenes
Werk wären, von Gott mit einer unendlichen und
ewigen Pein in der Hölle könnten gestrafet werden,
weil alles dieses der unendlichen Barmherzigkeit Gottes entgegenstünde. Wir haben uns mit ihm mehr
als eine Stunde, in einen hefftigen Schulstreit ein-
gelassen, und legten ihm ganz klar alle Sätze und
Grundschlüsse dieser katholischen Wahrheit und Lehre
vor Augen; aber er fand auf alles seine Ausflüchte,
bis wir ihn endlich so weit trieben, daß nach seiner
Meynung und Lehre nothwendiger Weise auch die
Teufel am letzten Gerichtstage müsten aus der Hölle
erlöset, und seelig werden, weil sie auch nur endliche
Geschöpfe wären, mithin ihre begangene Hoffarths-
sünden nur ein endliches Werk seyen 2c. Auf diesen
Schluß wollte er nicht sogleich ja sagen; aber zuletzt,
um nicht in seiner freygeisterischen Meynung irre zu
werden, gab er solches zu, worauf dieser Schulstreit
ein Ende hatte.

Am 29sten May wurden die Anker gelichtet,
und um 11 Uhr Nachts segelten wir aus dem genuesischen Hafen in das hohe Meer hinaus. Der Wind

A 4 war

war zwar anfangs sehr günstig; allein kaum waren
wir eine Stunde von der Stadt entfernet, so überfiel uns eine Meerstille, die unsere Reise dermassen
hinderte, daß wir innerhalb drey Tagen, kaum zwo
deutsche Meilen zurücklegten, und noch immer Genua
im Angesichte hatten; die in Gestalt eines halben
Mondes sehr prächtig ins Auge fällt. Wir waren
sehr munter und aufgeweckt. Unser Schiffkapitain
ließ uns, als ein rechtschaffener und freygebiger
Engländer mit Essen und Trinken überaus wohl bedienen. Wir Deutschen wünschten einander Glück,
daß uns das Seefahren so wohl anschlagen wollte,
und vermeynten schon, wir hätten uns vor der Seekrankheit nunmehr keinesweges zu fürchten.

Den 2ten Junius erhob sich ein sehr starker
und günstiger Wind, mit welchem wir in einer Stunde fünfe machten. Da aber das Schiff so geschwind
bewegt wurde, wurden auch unsere Köpfe ganz
schwindlicht, und unsere deutsche Mägen von
der Seekrankheit heimgesucht. Der Schiffkapitain
ließ uns mit Fleiß die niedlichsten und besten Speisen
aufsetzen; aber es war umsonst, weder Speiß noch
Trank schmeckte uns. Zum Glücke für uns dauerte
diese Seekrankheit nur wenige Tage.

Den 4ten Jun. wurden wir wider unsern Willen
von einem widrigen Winde in den ungestümmen und
allezeit unruhigen Löwenmeerbusen (Golfe de L'on)
geworfen. Kurz darauf erhob sich ein günstiger
Wind,

Wind, der uns bis zu den balearischen Inseln führte.
Aber am 5 Jun. überfiel uns um Mittagzeit ein so
ungestümmer Sturm, daß sogar die Schiffleute in
Schrecken und Furcht gesetzet wurden, der sich aber
doch nach etlichen Stunden legte, und in einen so
günstigen Wind veränderte, daß wir in einer
Stunde 7 Stunden zurücklegten, und gegen den
Abend die Insel Minorca zu Gesicht bekamen. Wie
gnädig die göttliche Vorsehung in diesem Sturmwinde mit uns verfahren sey, haben wir nachmals zu
Cadiz in einem Schreiben von Genua gelesen, da
nach dem Zeugnisse dieses Briefes an dem nämlichen
Tage an den Küsten Frankreichs und Italiens ein solcher Meersturm gewesen, daß viele Schiffe gescheitert,
auch Leichname und Schiffstrümmer von den Meereswellen an das Ufer ausgeworfen worden.

Den 6ten hatten wir abermal einen so großen
Sturmwind, daß dessen Hefftigkeit das Schiff zu stark
auf die linke Seite neigen machte. Der Schiffskapitain untersuchte den Grund des Schiffs, und
fand allda viel Wasser, welches er in aller Geschwindigkeit herauspumpen ließ; allein nach 10 bis 12
Minuten war eben so viel Wasser in dem Schiffs-
boden, als zuvor, daher wir uns bemüsiget sahen,
zwischen den Inseln Minorca und Mallorca mit größter Gefahr, wegen der vielen Steinklippen und Felsen, davon diese Meerenge voll ist, den Seehafen

von

von Mahon zu suchen, in welchen wir gegen Abend
glücklich einliefen, und Anker wurfen.

Minorca ist voller Gebirge und Waldungen, in
welchen eine große Menge der schönsten Maulesel gezogen werden. Auf den Seiten des spanischen und
französischen Meerufers hat sie auf den Hügeln und
Anhöhen viele Bollwerke. Die Hauptstadt Mahon ist
zwar nicht groß, doch sehr befestiget. Den schönen
Seehafen hat nicht die Kunst, sondern die Natur
selbst gemacht. Wir hielten uns allda zween Tage
auf. Der Schiffkapitain kaufte frische Eßwaaren
samt gutem Wein für uns ein, und die Schiffleute
beschäfftigten sich unterdessen mit Ausbesserung des
Schiffes. Da sie fanden, daß das Wasser nur durch
etliche Ritzen der obern Bretter in das Schiff, wegen
der großen Beugung auf die linke Seite, hineinge-
drungen, verstopften sie die Ritzen in kurzer Zeit und
mit geringer Mühe vollkommen.

Den 8ten fuhren wir wieder von Portma-
hon in das hohe Meer, wurden aber bald darauf
von einer Meerstille überfallen, die unser Schiff
drey Stunden lang anheftete. Am 9ten wurden wir
von widrigem Winde gegen die Barbarey getrieben,
damit wir aber nicht zu nahe an diese gefährliche Küste kommen möchten, richteten wir den 10ten um
Mitternacht die Segel und das Schiffsruder wieder
gegen

gegen Mallorca, wo wir auch, nachdem sich ein gün=
stiger Wind erhoben, wiederum anlangten.

Den 12ten erhub sich abermal ein widriger und
zugleich sehr ungestümmer Wind, der uns nöthiste,
bald in das hohe Meer hinaus zu fahren, bald das
Schiff wieder gegen diese balearische Inseln zurück zu
wenden, biß wir endlich den 13ten die Insel Jviça
erreichten. Sie ist die kleinste unter den balearischen
Inseln, zwar bergicht, aber sehr fruchtbar an Ge=
traide, gutem Weine, und Obst, vornämlich ist sie
reich an gutem Salze, womit Spanien sowohl, als
Italien versehen werden. Hieher werden viele Spa=
nier ins Exsilium geschickt.

Den 14ten Junius, da wir kaum von dieser Kü=
ste in das hohe Meer kamen, erblickten wir von fer=
ne ein großes Schiff, welches geraden Weges gegen
uns seinen Lauf führte. Unser Schiffkapitain steckte
alsobald nach Seegebrauch seine englische Flagge
aus, auf welches der andere auch seine weiße Flagge
zum Zeichen, daß er ein Franzos sey, aufsteckte. Da
wir aber uns mehr und mehr näherten, vermerkte
der unsrige, als ein wohlerfahrner Seemann, daß,
wenn der Franzose Segel und Schiff nicht benzeiten
wenden würde, bis das unsrige vorbenschiffte, noth=
wendiger Weise in dieser Linie, die bende Schiffe hiel=
ten, bende wegen der Wuth des Windes, mit größter
Gefahr eines Schiffbruchs zusammen stossen müßten.
Er rief daher alsobald durch das Sprachrohr dem

Franzosen

Franzoſen nach Seegebrauche zweymal zu, ſeine Segel
und Schiff zu wenden; allein der unverſtändige und
unvorſichtige Franzos unterließ es beydemale. Hierauf ſchrie unſer Schiffkapitain voller Beſtürzung:
Meine Herren! wir gehen alle zu Grunde, und befahl
in aller Geschwindigkeit ſein Schiff zu wenden, als
das französische, ſo zuvor noch eine halbe Viertelſtunde entfernet war, ſchon an das Hintertheil unſers Schiffes mit ſolcher Hefftigkeit anprellete, daß
es alle äußere Zierrathen mit größtem Getöſe und
Erſchütterung zerſchmetterte, und in das Meer warf.
Die franzöſiſche Maſtbäume, die ſich in die unſrigen
verwickelten, brachen ihre Spitzen ab, und drey Se-
gelſtangen wurden in viele Stücke zerſchmettert, auch
mehrere Segel zerſchlitzet, und unbrauchbar gemacht.
Wie einem zu Muthe ſey, wenn die Todesgefahr ſo
nahe iſt, können allein diejenige wiſſen, die dergleichen traurige und gefahrenvolle Zufälle in der That
erfahren haben. Unſer Schiffkapitain verſicherte uns, daß beyde Schiffe, wenn ſie an den vordern
Theilen wären zuſammengeſtoſſen, wegen der Gewalt
des Stoſſes nothwendig ſich hätten eröffnen, und in
wenig Minuten ſo viel Waſſer ſchöpfen müſſen, daß
beyde ohne Rettung mit Leuten und Waaren in den
Abgrund des Meeres verſenkt worden wären; er
betheuerte auch, er wolle auf dem Meer lieber Felſen und Sandbänke, als ein französisches Schiff in
ſolchen Umſtänden antreffen: denn jenen könne er
nach

nach seiner Seewissenschaft besser ausweichen, als einem französischen Schiffe, dessen Schiffleute in der Segelkunst so übel erfahren wären, daß sie bey dergleichen Gefahr weder Segel noch Ruder zu richten wüßten.

Nach glücklich mit der Hülfe Gottes überwundener augenscheinlichen Lebensgefahr setzten wir mit dem nämlichen widrigen und stürmischen Winde unsere Fahrt fort, bis er sich gegen Abend legte, da uns dann eine Meerstille überfiel, worauf doch bald ein guter Wind erfolgte, der uns bis an die Insel Cabrera, die klein und unbewohnt, und nicht weit von den balearischen Inseln, und von der spanischen Küste entfernet ist, forttrieb. Es kam uns in dieser Gegend ein ungeheuerer großer, und langöhriger Fisch zu Gesicht, dessen Namen uns niemand auf dem Schiffe sagen konnte, weil keiner niemal ein solches Meerwunder gesehen hatte.

Den 16 Jun. sind wir mit gutem Winde bey der Insel Formentera, die eine von den pithusischen Inseln, und wegen der großen Menge der Schlangen nicht bewohnet ist, vorbeygefahren. Dieser Wind hat sich am folgenden Tage so verbessert, daß wir durch dessen Hülfe in einer Stunde 6 Stunden machten, mithin den 18ten Jun. bey dem Vorgebürge de Palos, so im Königreiche Murcien liegt, vorbeysegelten.

De

Den 19ten erreichten wir mit noch befferem
Winde das Vorgebirge de Gates, so sich in dem
Königreiche von Granada befindet, wo uns die son-
derbaren hohen Berge zu Gesicht kamen, die in diefer
zur Sommerszeit sehr hitzigen und warmen Landschaft
das ganze Jahr mit Schnee bedeckt sind. Den 20ten
langten wir bis an die angenehme und fruchtbare
Gegend der Stadt Almeria, die auf der Landseite mit
Bergen umgeben ist, und an den Küsten des Königreichs Granada liegt.

Am 30 Jun. erblickten wir nach vielen ausge-
standenen Windstürmen, das hohe africanische Ge-
bürge und die Küsten der Barbarey mit so günstigem
Winde begleitet, daß wir die Städtchen Castel de
Ferro, Almuñecar, und Velez Malaga in kurzer
Zeit hinter uns ließen.

Den ersten Jul. entdeckten wir das Castel Fuengerola, und da sich der günstige Wind in eine Meerstille verändert hatte, mußten wir bey der Stadt
Malaga stehen bleiben. Um Mittagszeit kauften wir
von den Fischern etliche Meerkrebse, eine Meerschild-
kröte, nebst einem überaus schmackhaften Meerfische,
der 60 Pfund schwer war, und in spanischer Sprache
Brucho genennet wird. Der Schiffkapitain sah,
daß der widrige Wind sich wiederum erhob, auch
stündlich mehr und mehr zunahm, und berathschlagte
sich mit seinem Steuermann, ob es besser wäre, in
den Seehafen von Malaga, an dessen Thüre wir
stunden,

stunden, einzufahren, oder unsere Reise bis Fuengerola, so noch zwo Stunden entfernet war, fortzusetzen? Es wurde aber beschlossen, die Stadt Malaga
zu verlassen, weil wir, wenn sich ein günstiger Wind
erheben sollte, aus dem Seehafen nicht wieder her-
ausfahren könnten.

Die Stadt Malaga, die an dem Meerufer, an
dem Fuße eines Berges im Königreiche Granada
liegt, hat ein schönes Arsenal auch einen guten
Seehafen, der durch zwo auf dem Berge liegende
Citadellen, deren die eine Alcazava, die andere
Gibralfaro genennet wird, wohl beschützet ist. Sie
ist nicht groß, aber doch sehr volkreich, treibet gute
Handlung, absonderlich mit ihrem köstlichen Weine.
Sie hat einen Bischoff, der allda auch seine Wohnung
hat.

Den zweyten Julius warfen wir Anker in dem
Meerbusen von Fuengerola, und stiegen folgenden
Tag an das Land. Wir verfügten uns in das
Schloß, wo wir von dem da liegenden Hauptmanne
sehr höflich empfangen wurden. Die Priester lasen
in der Schloßkirche die heilige Messe, und die andern,
die nicht Priester waren, empfiengen das heilige
Abendmahl. Die junge Frau Hauptmännin richtete
uns unterdessen für unsere Bezahlung eine stattliche
Mahlzeit zu, welche uns nach so vielen ausgestande-
nen Drangsalen über die maßen erquickte, absonderlich, da der Herr Hauptmann von dem besten Wein
von

von Malaga auf die Tafel ſetzen ließ. Beyde begleiteten uns des Abends auf unſer Schiff. Der Schiffkapitain hatte ſich unterdeſſen in das nächſte Städtlein begeben, um Wein, Brod, und andere Eßwaaren für das Schiff einzukaufen; da er aber ſolches
mit ſeinem kleinen Nachen wollte auf das Schiff
bringen laſſen, ſo verwehrten es ihm die ſpaniſchen
Reuter, welche die Küſte bewachten, da ſie doch ſolches einzukaufen zuvor erlaubt hatten. Unſer Schiffkapitain verſprach ihnen ſo viel Geld zu bezahlen,
als ihm die Waaren gekoſtet hatten, wenn ſolche
nur ihm einzuſchiffen verſtattet würde; allein die
groben ſpaniſchen Knöpfe wollten durchaus nicht, ob
ſie ſchon der Hauptmann und ſeine Liebſte, die ihnen
als Reutern nichts zu befehlen hatten, inſtändigſt er-
ſuchten. Sie gaben zur Antwort, ſie hätten uns
Waſſer und Brod genug einſchiffen laſſen, mithin
hätten wir bis Cadiz ſattſame Lebensmittel. Es
ſtund nicht weit von uns noch ein anderes Schiff aus
Catalonien, welches drey Tage zuvor, eben auch wegen des widrigen Windes hier geankert hatte. Der
cataloniſche Schiffkapitain ließ uns durch einen Fi-
ſcher heimlich ſagen, wir ſollten ihm um Mitternacht
unſern Nachen zuſchicken, er wollte uns mit allen
nothwendigen Sachen verſehen; da aber die erwähn-
te ungeſchliffene Reuter auf der Küſte ſolches arg-
wohnten, ſchickten ſie alſobald eine Schildwacht auf
das cataloniſche Schiff, welche die ganze Nacht hindurch

durch allda wachen mufte, daß uns alfo von der Güte
und Höflichkeit des catalonifchen Schifffapitains nichts
zufommen fonnte.

Den 4ten Jul. erhob fich bey Sonnenaufgang
ein günftiger Wind, der uns bis Ceuta und Gibraltar glücflich forttrieb.   Bey dem Eingange des gi-
braltarifchen Seehafens hielt uns eine Meerftille
etliche Stunden auf.   Wir ergötzten uns unterdeffen
über die maffen mit Betrachtung diefer zwo fehr
fchönen Beftungen.   Die Stadt Ceuta ift zwar den
Spaniern zugehörig, liegt aber befannter maffen in
dem Königreiche Fez in der Provinz Habata in Africa,
an dem Fuße des Berges Avila, und ift fehr wohl
befeftiget.   Die Citadelle ftehet auf der Spitze des
an dem Meerufer liegenden Berges, und ihre Mauern laufen bis an das Ufer.   Der Seehafen ift zwar
fchön, doch nicht fähig, daß große Schiffe fich hinein wagen fönnten.   Unfer Kapitain fagte uns, daß
er faum 2 bis 3 Klaftern in der Tiefe habe.   Es wohnet hier ein fpanifcher Bifchoff, der aber ein geringes
Einfommen hat, und deswegen nach 4 oder 5 Jahren, wenn ein anderer Bifchoff in Spanien mit Tode
abgehet, beffer verforget wird.   Gibraltar, fo auf
fpanifcher Seite liegt, und der Krone England zuge-
höret, ift noch viel ftärfer befeftiget.   Die Stadt ift
flein, ftehet an dem Fuße des Berges diefes Namens
bey dem fchönen Seehafen, wo beftändig große eng-
lifche Schiffe einlaufen. Rings herum auf den Ber-

B   gen

gen und Anhöhen wird der Seehafen und die Stadt
von starken Bollwerken und Citadellen beschützet.
Bey dem Eingange der Meerenge dieses Namens ist
der Berg von oben bis unten mit starken Gewölbern
unterstützt, und durchbrochen. Die in schönster Ordnung stehende Kanonen strecken durch diese Felsenlöcher
ihre Mündungen heraus, und machen allen feindli-
chen Schiffen den Paß sehr gefährlich.

Die umliegende Gegend war wegen der grünenden Berge, Gärten und Felder sehr angenehm anzu-
schauen. Wir gedachten noch selbige Nacht wiederum
in das hohe Meer auszulaufen, allein es verwehrten
uns die stürmischen Meereswellen die Ausfahrt.

Den 5ten Jul. Morgens früh, nachdem die
Schiffleute ihr gewöhnliches Geschenke empfangen,
versuchten wir abermal solches, aber umsonst, bis
wir endlich Nachmittags um 2 Uhr in Begleitung
noch 4 anderer großen Schiffe ausfuhren, und in die
gibraltarische Meerenge eintraten. Wir bewunderten
auf der Küste von Africa die maroccanischen Lust-
schlösser und schöne Gebäude, welche nahe an der
Küste stunden; auf spanischer Seite aber ergötzten
uns die schönen Städchen und Dorfschaften, bis wir
gegen 6 Uhr Abends Tanger zu Gesichte bekamen.
Es liegt diese Stadt im Königreiche Fetz in Africa in
der Provinz Gabata am Ende der Meerenge gegen
das große Weltmeer zu. Sie war ehedessen sehr be-

festiget,

festiget, und mit einem guten Hafen versehen, wo
die meisten maroccanischen Seeräuber ihren Sitz hat=
ten. Dieser war zwar durch zwo starke Citadelle ta=
pfer beschützt; allein Stadt und Vestung wurden doch
durch die von maroccanischen Seeräubern sehr belei=
digten Engländer erobert, geschleift, ihr schöner
Seehafen unbrauchbar gemacht, und also wiederum
verlassen. Nachher ist sowohl die Stadt und Ve=
stung von den Maroccanern wieder erbauet worden,
aber der Seehafen ist nicht mehr in guten Stand
herzusetzen.

Nach zurückgelegter Stadt Tanger, und Spitze
des Königreichs Marocco, befanden wir uns schon
nach Sonnen Untergange in dem grossen Weltmeere.
Der Schiffkapitain befahl alle Segel, nur ein einzi=
ges ausgenommen, einzuziehen, und allezeit gegen
das hohe Meer das Schiff zu richten, um nicht
in Gefahr zu laufen, bey finsterer Nacht an einen ver=
borgenen Felsen, deren in selbiger Gegend sehr viele
sind, anzuprellen; da er aber im Schlafe begriffen
war, wurde das Schiff unverhofft von dem starken
Winde schon nahe an einen getrieben, welcher Ge=
fahr dennoch andere Schiffleute, die sorgfältig wach=
en, bey Zeiten vorkamen.

Den 6ten nach Sonnenaufgange erblickten wir
zu unserem größten Troste die große Handels=
stadt Cadiz, in deren Seehafen wir Anker werfen

mußten=

muſten. Der Schiffkapitain legte alſobald ſeine See-
karte vor ſich, in welcher die gefährliche Einfahrt
ſehr genau verzeichnet war, und richtete nach ſolcher
den Lauf ſeines Schiffes mit aller Sorgfalt. Denn
auf einer Seite hat dieſer Eingang einen verborgenen
Felſen, der von den Schiffleuten der Diamant genennet wird. Auf der andern aber befinden ſich unterſchiedliche Klippen, die doch etwas über das Meer
erhoben ſind, und von den Spaniern los puercos,
die Schweinlein, genannt werden. Durch dieſe gefährliche Einfahrt kamen wir mit göttlicher Hülfe
glücklich in den Seehafen, wo wir um 8 Uhr früh
Anker wurfen. Dieſer Hafen iſt einer der größten,
er hat im Umkreiſe 4 Stunden, und kann mehr als
300 große Schiffe faſſen. Auf beyden Seiten ſind
zwey feſte Schlöſſer, die ihn ſo wohl, als die da
ſtehende Schiffe beſchützen. Allhier kommen alle
Waaren zuſammen, welche die Spanier nach Indien,
und von da zurückbringen. Die Stadt Cadiz im Königreiche Sevilla, iſt zwar nicht ſehr groß, aber wohl
gebauet, und über die maſſen ſtark befeſtiget. Sie
iſt gegen die Meerſeite mit geraden ausgehauenen
Felſen verwahret; gegen die Landſeite aber hat ſie einen tiefen Graben, nebſt zwo Baſtionen, welche die
ganze Breite der Iſel an derſelbigen Seite einneh-
men. Sie iſt einer der wichtigſten Plätze der ganzen
ſpaniſchen Monarchie, und von ſehr reichen Kaufleuten
bewohnt, welche durch ganz Europa die ſchönſten
Waaren-

Waarenlager haben. Die deutschen Kaufleute be-
wohnen eine ganze sehr lange Gasse der Stadt. Sie
handeln blos mit feinem böhmischen Glase, und
augsburgischen Kupferstichen. Dieser Handel ist ihnen sehr einträglich, weil solche Waaren hier zu Lande
hochgeschätzet und theuer verkaufet werden. Der
hiesige Bischoff stehet unter dem Erzbischoffe von
Sevilien. Die Insel Cadiz hänget gegen Osten durch
eine schöne steinerne Brücke an das feste Land an.
Sie wurde ehedessen von den Heiden die Insel der
Göttin Juno genannt, und liegt zwischen der Meerenge von Gibraltar, und dem Einflusse des Guadal-
quivir, nicht weit von den Küsten des Königreichs
Andalusien, von welchem sie durch einen Canal des
Meers abgesondert wird. Sie ist überaus fruchtbar an Weide, mithin mit vielem Vieh wohl versehen.
Sie hat nur 7 Stunden in der Länge, in der Breite
aber kaum 3, an einigen Orten wird sie nicht über
eine Stunde breit geschätzet. Man sieht daselbst 2
Thürme, als Ueberbleibsel eines alten Gebäudes,
welche man die Säulen des Herkules nennet. Der
Meerbusen, oder die Baye von Cadiz, ist ein kleines
Stück von der Meerenge dieses Namens, und wird
von vielen Schlössern, Bollwerken, und Schanzen,
die alle mit vielem groben Geschütze auf das beste
versehen sind, wohl verwahret; unter welchen die
vornehmste Matagorda und Puntal sind, die am
engsten Orte des Meerbusens gegen einander über

B 3　　　liegen,

liegen, und alle beyde insgemein los Puntales genennet werden.   Um diesen Meerbusen herum liegt
auch das kleine Städtlein Puerto real, und die
Stadt el Puerto de Santa Maria.

Sogleich nach unserer Ankunft in diesem Seehafen wurden wir von einigen Herren, die der Statthalter nach Gewohnheit abgeschickt hatte, in unserm
Schiffe heimgesucht, die sich erkundigten, was der
Schiffkapitain für Leute und Waaren führe, und wie
lang er sich allda aufzuhalten gesinnet wäre. Nachdem sie alles untersucht hatten, kündigten sie uns
den Befehl des Statthalters an, nach Seegewohnheit
noch 3 Tage auf dem Schiffe zu verbleiben.   Wir
stellten ihnen vor, daß es uns an allen Nothwendigkeiten gebräche, worauf sie uns versicherten, daß sie
alle nothwendige Sachen aus der Stadt in einem
Nachen täglich uns wollten abfolgen lassen.   Sie
schickten uns alle Morgen den besten Wein, Brod,
Fleisch, und andere Eßwaaren, samt den besten spanischen Früchten für den ganzen Tag, und zwar in
allem Ueberflusse, bis wir den 10ten Julius nach er-
haltener Erlaubniß um 8 Uhr früh auf einem grossen Nachen samt unsern Waaren nach der Stadt el
Puerto de Santa Maria übergesetzet wurden, allwo
uns die Unsrigen, die uns schon längst erwarteten,
mit größter Liebe und Höflichkeit empfiengen. Diese
Stadt ist zwar nicht eine von den größten, doch ist
sie größer, als Cadiz, und liegt viel angenehmer in
schönster

schönster Ebene an dem Flusse Guadalete, der in den Meerbusen von Cadiz fällt. Sie ist zwar ein offener Ort ohne Mauern und Bollwerke, doch liegen allezeit viele spanische Fußgänger und Reuter da in Besaz= zung, wegen des Seehafens von Cadiz, der sehr nahe an der Stadt liegt. Nicht wenige von den Kaufleuten treiben allhier, wie zu Cadiz, ihre reiche Handel= schaft. Sie ist wohl gebauet mit langen, breiten und gleichen Gassen, und hat sehr viele schöne und prächtige Gebäude, wie auch angenehme Spazier= gänge.

Ich ruhete allhier im Julius und Augustmonate aus. Während dieser Zeit sah ich die zwey großen Feste des heiligen Apostels Jacob, und der heiligen Mutter Anna, höchst feyerlich begehen. Am Vor= abende des erstern Festes wurden alle Glocken so= wohl in dieser, als in der gerade gegen über liegen= den Stadt Cadiz geläutet, sodann alle Stücke sowohl der Vestung, als der Citadellen und Schlösser, die um den Seehafen herumliegen, abgefeuert. Alle Schiffe steckten ihre Flaggen und Wimpeln auf, und brannten in schönster Ordnung gleichfalls ihre Stücke loß, welches Knallen das Echo von dem Meerufer und den umliegenden Bergen beantwortete.

Das andere Fest wurde nicht mit Lösen des Ge= schüzes gefeyert, sondern um 8 Uhr Nachts wurde bey der kleinen Kapelle der heiligen Anna, so ausser

der Stadt an dem Fluſſe Guadalete und Seehafen
ſtehet, ein ſehr prächtiges und ſehenswürdiges Feuerwerk abgebrannt. Es wurde eine Feſtung und ein
Kriegsſchiff vorgeſtellt, welche gegen einander ſchoſ-
ſen und bombardirten. Dieſes künſtliche Feuerwerk
dauerte ſchier eine Stunde unter ſehr vielen und
ſchönſten Vorſtellungen zu größter Ergötzung der
Augen, dergleichen ich niemals geſehen, noch Zeit-
lebens in Deutſchland mehr ſehen werde. Nach dem
Mittageſſen pflegte ich mich mit andern auf unſer
Luſtthürmchen zu begeben, wo die gewöhnliche Zeit-
vertreibungsſtunden gehalten wurden. Wir erblickten einſt von ferne drey große franzöſiſche Schiffe
mit ihren weiſſen Flaggen, die in den Seehafen ein-
fahren wollten. Die zwey erſtern ſegelten glücklich
durch die zween verborgene Felſen hindurch, das letztere aber prellete entweder durch den Sturmwind,
oder durch Unvorſichtigkeit des Schiffkapitains an
die Felſen los puercos genannt, und blieb auf ſolchen ſtecken. Sie löſten alſobald drey Stuckſchüſſe
nach einander, und begehrten durch dieſes Zeichen
von der Stadt eilends Hülfe, welche ſie auch alſobald erhielten. Es wurden viele große Boote abgeſchickt, welche alle Leute des verunglückten Schiffes
retteten, aber nicht verhindern konnten, daß nicht
die meiſten Kauffmannswaaren zu Grunde giengen.
Das angeprellte Schiff muſte völlig unbrauchbar auf
dem Felſen ſtehen bleiben, von welchem die Schiff-

leute

leute einige Tage hindurch so viel ablöseten, als ihnen möglich war. Auf eben diesem Lustthürmchen
sah ich schier täglich um 3 Uhr Abends die Herren
Franziscaner, der viele waren, und welche ausser der
Stadt, doch nicht weit von solcher entfernet, in einem großen, und sehr annehmlich liegenden Kloster
wohnen, in schönster Ordnung mit niedergeschlagenen
Augen vorbeygehen. Ich fragte die Spanier, wohin
sie denn alle Tage sich begeben? Sie antworteten, sie
giengen spazieren, und ließen sich über den Fluß Guadalete in kleinen Nachen auf die trockene Sandbank
übersetzen, allwo sie nach Landesgewohnheit sich in
dem Meerwasser badeten. Ich wollte solches durchaus nicht glauben, und hielt es für eine spanische
Lüge, mit welcher sie mich scherzweise aufreden wollten. Allein sie brachten mir alsobald ein Seherohr,
durch welches ich an den Ort sehen mußte. Da sah
ich dann ganz deutlich diese seraphische Engel schneeweiß, wie sie Gott erschaffen, auf der Insel herum-
laufen, und einander scherzweise in das Meer jagen,
wo sie sich mit Freuden badeten. Ich ärgerte mich
über die massen darüber; allein die Spanier lachten
mich nur aus, und sagten, es wäre dieses hier zu
Lande zu Sommerszeit wegen der großen Hitze ge-
wöhnlich, um die Gesundheit zu erhalten. Ich aber
mußte ihnen aufrichtig bekennen, daß mir weder solcher Gebrauch, noch solches Gesundheitsmittel gefallen könnte.

B 5   Weil

Weil ich mich noch ein ganzes Jahr und zwey Monate in Spanien, wegen vieler Geschäfte meines Schaffners, aufhalten mußte, wurde ich von ihm mit noch drey andern Deutschen nach Granada geschickt, um allda mein Studieren fortzusetzen. Bey dieser Gelegenheit habe ich das meiste von dem Königreiche Andalusien gesehen. Diese Landschaft hat zu ihren Grenzen gegen Osten Murcia, gegen Westen Portugal, gegen Süden Gibraltar und Granada, gegen Norden Neu-Castilien. Sie ist 90 Meilen lang, und 60 breit, und wird in 4 Theile abgetheilet, nämlich in das Gebiete von Cordova und Sevilien, in das Herzogthum Medina Sidonia, und in die Insel von Cadiz. Sie ist etwas gebirgicht, aber die fruchtbarste und gesündeste unter allen spanischen Provinzen. Die Pferde, die da gezogen werden, werden in ganz Europa hochgeschätzet. Sie hat auch allerhand Bergwerke von Gold und Silber, in welchen aber nicht gegraben wird, weil schon viel Silber aus Indien nach Spanien gebracht wird; blos die Bergwerke von Quecksilber werden hier gearbeitet, welches in das Königreich Mexico abgeführet wird, um mit solchem das Silber, so man allda gräbt, herauszuziehen.

Ich reißte über Xerez nach Granada. Xerez liegt an dem Flusse Guadalete, und ist groß und volkreich. Ihre Pferdezucht ist sehr berühmt; aber noch besser ist der Wein, welcher allda in allem Ueberflusse wächset.

wächſet. Der beſte iſt derjenige, deſſen Farbe wie
Waſſer, oder wie ein heller Brandwein ausſieht.
Die ſchöne Karthauſe allda iſt wegen ihrer ſehr prächtigen Kirche würdig geſehen zu werden. Von Xerez
kam ich durch viele ſchöne Dorfſchaften und Marktflecken, nach Offuna. Sie iſt die Hauptſtadt des
Herzogthums dieſes Namens, zwar klein, und hat
nicht viel Sehenswürdiges, doch hat ſie eine Univer-
ſität, aber ſehr wenige Studenten. Von hier machte ich mich frühzeitig auf, und ſpeißte zu Mittage in
einem Gaſthauſe, das ganz allein bey dem Eingange
einer Einöde ſtehet, und wo noch etwas Waſſer zu
finden iſt. Dieſe Wüſte liegt in einer ſchönen Ebene,
und iſt nichts anders, als ein dicker Wald von Rosmarin, welcher allda an den meiſten Orten faſt
mannshoch wächſt. Dieſer wohlriechende Wald hat
mehrere Meilen im Umfange. Man braucht 8 bis 9
Stunden ihn durchzureiſen, weil er die Haupſtraſſe
nach Granada iſt. Es kann dieſe ſchöne und angenehme Wüſteney nicht bewohnet werden, weil nir-
gend friſche Brunnenquellen, noch andere fließende
Wäſſerlein darinn zu finden ſind. Dennoch iſt ſie
mit vielen ſchönen Dorfſchaften und Marktflecken
umgeben, welche ihre Schaafe, Ziegen und Rind-
vieh allda weyden laſſen. Von dem vortreflichen Ge-
ſchmacke des Fleiſches kann allein derjenige urtheilen,
der von ſelbigem genoſſen hat, denn es hat völlig
den guten Geruch des Rosmarins. Ich reiſete durch

dieſe

diese Rosmarineinöde von 5 Uhr Abends bis Morgens um 4 Uhr, weil man sie ben der großen Sonnenhitze, welche zur Sommerszeit kaum auszuhalten ist, des Nachts reiset. Ich kann nicht beschreiben, wie angenehm uns dieser Weg war, absonderlich des Abends ben Sonnenuntergange, und früh morgens ben Sonnenaufgange, weil zur selbigen Zeit der meiste Rosmarin in der schönsten Blüthe stund, und den angenehmsten Geruch die ganze Nacht, die sehr heiter war, zur Lust und Vergnügen menschlicher Sinnen von sich gab.

Nach zurückgelegter Einöde nahm ich in dem ersten Gasthause des Königreiches Granada das Mittagmahl ein. Noch an selbigem Tage kam ich in der Hauptstadt Granada an. Sie hat sehr gesunde Luft, und die besten Brunnquellen. Die neue Stadt hat große, lange und breite Gassen, die mit den schönsten Gebäuden und Palästen prangen, in welchen der spanische Adel wohnet. Die Domkirche ist ein schönes großes, prächtiges, von puren Quatersteinen aufgerichtetes Gebäude, in welcher auch die schöne Kapelle der königlichen Gruft sehenswürdig ist. In einer vornehmen Pfarrkirche wird ein wunderthätiges Gnadenbild der schmerzhaften Mutter Gottes von den Spaniern verehret. Der Spital der barmherzigen Brüder, in welchem der heilige Johannes de Deo seinen Orden gestiftet hat, ist groß, und wohl für die arme Kranke eingerichtet. Die Kirche

dieses

dieses Klosters oder Spitals, in welcher der Leich-
nam des frommen Stiffters begraben liegt, ist mit
ihren zwey Thürmen eine Zierde der Stadt.   Außer
diesem ist noch ein anderer königlicher Spital allhier,
welcher auf dem Triumphplatze stehet.   Dieser ist
sehr groß, und werden viele Arme allda von dem
königlichen reichen Almosen und Einkünften ernähret.
Der Triumphplatz liegt ausser der Stadt, doch also,
daß er noch mit derselben vereiniget bleibet.   Es ist
ein großes Viereck, auf beyden Seiten mit schönen
Häusern, auf der andern mit dem schon gemeld-
ten königlichen Spitale und Capucinerkloster umgeben, auf der vierten aber, wo man auf die schönen
umliegenden Felder und Gärten von Granada siebet,
stehet er offen.   In der Mitte befindet sich eine grosse steinerne Säule, auf welcher ein schönes in Stein
fein ausgearbeitetes Mutter Gottes Bild stehet, so
mit einem großen von Eisen durchbrochenen Gitter
umgeben ist.   Er wird der Triumphplatz genennet,
weil allda der letzte Sieg gegen die Mohren, die sich
in dieser Stadt viele Jahre fest gesetzt hatten, von
den Spaniern erhalten wurde.   Das Jesuiterkloster
stehet bey dem prächtigen Universitätshause.   Es
ist ein großes, und schönes Gebäude, in welchem sich eine herrliche Apotheke befindet, aus welcher die ganze Stadt mit den besten und gerechtesten
Arzneymitteln versehen wird.   Die Jesuiterkirche ist
groß, und wohl gebauet, und gleichet viel der bam-
berigschen.

bergischen.　Hier wurde das Fest des heiligen Franz
cis cus von Borgia sehr prächtig von dem spanischen
hohen Adel gehalten, welcher sich dabey in eigener
Person einfindet.　Sowohl in dieser, als in andern
Kirchen werden an allen hohen Festtagen viele Nachtigallen und Canarienvögel in ihren Häuschen auf-
gehangen, die absonderlich unter der Musik auch
ihre angenehmen Stimmen hören lassen.　Am
Osterabende lässet man viele wohlgezierte Vögelein
mit langen von Papier künstlich ausgeschnittenen
Schwänzchen von oben in die Kirche herunter unter
dem Gloria in excelsis abfliegen, welche von dem
Volke unter einem großen Getöse gefangen werden.
Ein solches Vögelein wird so hoch geschätzt, daß
der spanische Adel eine Duplone dem bezahlet,
der es gefangen hat, um dem Frauenzimmer mit
solchem eine Verehrung zu machen.　Was dieser
lächerliche Gebrauch bedeuten soll, habe ich von keinem Spanier eigentlich heraus bringen können.　Die
schöne, große und im ganzen Königreiche berühmte
Carthause stehet außer der Stadt an einem kleinen
Hügel, wo sie einen sehr großen und schönen Garten
haben, der mit hohen Mauern umgeben ist.　Ihre
Kirche ist überaus schön wegen der vielfärbigen
Steine, aus welchen die Altäre und Kirchen-
säulen verfertiget worden.　Die Herren Carthäuser
haben selbst die Steingrube, aus welcher dieser vornehme und schöne Stein gebrochen wird, den man
auch

auch in Silber und Gold zu faſſen pflegt. Er dienet
den Spaniern zu ſchönen Tabacksdoſen. In dem
Speiſeſaale dieſer Geiſtlichen ſah ich in der Mitte
ein ſehr ſchönes großes Gemälde, auf welchem das
letzte Abendmahl Chriſti des Herrn mit ſeinen Jüngern vorgeſtellet iſt. Es kam mir aber ſehr wunder-
lich vor, daß an ſtatt des Oſterlammes ein großer
Fiſch in der Schüſſel liegt. Man wußte keine Urſache
davon anzugeben. Vielleicht haben dieſe Herren vor
allen Fleiſchſpeiſen einen ſolchen Abſcheu, daß ſie
auch ſo gar in ihrem Speiſeſaale nicht ohne Eckel ein
gebratenes Oſterlamm anſchauen können. Auf dem
nächſt an der Stadt liegenden Berge ſtehet noch der
alte Palaſt, wo die Soltane von Granada etliche
Jahrhunderte gewohnet haben. Der Berg iſt in
etwas befeſtiget, und wird noch mit ſpaniſchen Soldaten bewacht. Der Palaſt iſt zwar ſchon ſehr alt,
aber doch wegen des Alterthums würdig zu ſehen.
Man ſieht noch die ſchönen Springbrunnen und
Bäder, in welchen ſich ſowohl die arabiſchen
Könige, als ihre Familie zu baden pflegten.
Der große Speiſeſaal, der noch ganz ſchön
und unverletzt da ſtehet, iſt wahrhaftig ein Kunſtſtück der arabiſchen Baukunſt. *) Von da überſieht
man

*) So wohl in dieſem Palaſte Alhambra, als in dem zu
Sevilla, und in der großen Moſchee zu Cordova, von
welcher die jetzige Kathedralkirche die Hälfte ausmacht,
ſieht

man aus den Fenstern die ganze Stadt, und die umliegende schöne und angenehme Ebene mit größter Ergötzung der Augen. Gleich an diesem maurischen Palaste wollte Karl V auch seinen königlichen Wohnsitz aufrichten. Der neue Palast, so mit dem maurischen vereinigt, ist sehr prächtig von dem feinsten Marmor aufgeführt. Ringsherum bey den untersten Fensterstöcken liegt zwischen den weißen ein schwarzer Marmorstein, in welchem das ganze Leben des Kaisers so kunstreich eingehauen ist, daß es von einem Künstler nicht besser und feiner könnte in Wachs eingetragen werden. Dieser neue Palast stehet schon zwey Stockwerke hoch; da aber während dem Arbeiten an diesem prächtigen Gebäude etliche kleine Erschütterungen der Erde vermerket wurden, stellten einige Neider, die dem Adel und den Innwohnern zu Granada das Glück und die Ehre, die königliche Residenzstadt zu werden, nicht gönnen wollten, dem Kayser die beständige Lebensgefahr wegen der Erdbeben vor, die sich mit der Zeit noch stärker könnten verspüren lassen. Dieses bewog den Monarchen, von seinem Vorhaben abzustehen, und das schöne und kostbare Werk

sieht man noch an den Wänden der Säle und Zimmer schöne arabische Aufschriften, die Herr Miguel Casiri, S. T. D. und königlicher Bibliothekar, mit Anmerkungen erläutert herausgeben wird, wie er mir bereits 1769 schrieb. S. Las Antiguedades y Excellencias de Granada; por *Francisco Bermudes de Pedaza*. En Madrid, 1608. 4. M.

Werk zu unterbrechen. Alle diejenigen, welche es
sehen, verfluchen billig diesen spanischen Neid,
und sagen: Der Neid des Teufels hat Adam und Eva
aus dem Paradiese in das Elend verjagt, und der
Neid des spanischen Adels hat die spanischen Könige
aus dem schönen, angenehmen und gesunden Granada
in das kothige, stinkende und ungesunde Madrid ver-
wiesen. Oben auf dem nämlichen Berge befindet
sich auch noch ein anders, sehr angenehmes Lusthaus
mit einem von unten bis oben an die Spitze des Hü-
gels wohl angelegten Lustgärtchen, wo unterschiedliche schöne Springbrunnen rauschen, die auf beyden
Seiten mit steinernen Sitzen umgeben sind, und von
vielen dicht aneinander in schöner Ordnung gesetzter
Granatäpfelbäumen überschattet werden, wodurch
sowohl die Spazirende, als Ausruhende von den
Sonnenstrahlen befreyet sind. Der Weg, der sowohl auf den Berg, als auf den andern Hügel führet, ist schön gepflastert, und hat auf beyden Seiten
ordentlich gepflanzte hohe Bäume. Diese sind voll
lieblich singender Vögel, welche allda das ganze
Jahr hindurch ihren Wohnsitz haben, und die Ohren der Spazirenden mit ihren angenehmen Stimmen ergötzen.

Das Frohnleichnamsfest wird sowohl in dieser, als in andern spanischen Hauptstädten sehr
prächtig begangen. Um den genzen Markt
herum, wo vier kostbar gezierte Altäre stehen,

werden schöne Triumphbogen gebauet , welche
jährlich neu gemahlet werden , und die artigsten
Sinnbilder mit spanischen und lateinischen Versen
von diesem hochheiligsten Geheimnisse vorstellen.
Auf dem ganzen Markte , welcher groß und viereckigt,
und in der Mitte der Stadt stehet , wird ein Kunst-
garten von den schönsten Blumen und Staudenge-
wächsen angeleget, so daß man glauben sollte , als
wäre er allezeit allda gestanden.   Am Vorabende
werden um 8 Uhr Nachts alle Glocken der Kirchen
geläutet , auch alles große Geschütz so wohl auf der
Festung , als um die Stadt herum , dreymal in
schönster Ordnung abgefeuert.   Nach diesem werden
sehr künstliche Feuerwerke angezündet, die länger
als eine Stunde , zur größten Ergötzung der Augen
dauern.   Am folgenden Tage wird der Umgang nur
allein auf dem Markte , unter den aufgerichteten
Triumphbögen gehalten , der einem Deutschen freylich lächerlich vorkommt.   Denn vor dem hochwür-
digen Gute tanzen viele Personen in Possenkleidern
daher , nach dem Beyspiele des Königs Davids vor
der Bundeslade.   Die nahe an der Stadt schön angelegten Spaziergänge, in welchen so wohl der Adel,
als andere Inwohner der Stadt , sich bey Abendszeit
zwischen den schattigten und grünenden Alleen ergözen , könnten nicht schöner seyn.   Die umliegenden
Gärten sind mit grünen Staudenhecken und Bäumen umgeben, durch welche viele angenehm rauschende

schende Bächlein fließen, wo viele Nachtigallen mit
ihrem schönen Gesange, besonders des Abends und
Morgens das menschliche Gehör erlustigen. Ich
habe mich mehrmalen mit einem Deutschen, der ein
Meister auf der Queerflöte war, dahin begeben.
Kaum ließ sich dieser hören, so umgaben uns alsobald diese fliegende Sängerinnen, die ihre Stimmen
der Flöte zum Trutze erhoben.

Die Herren Jesuiten hatten in diesen Gegenden
drey grosse und schöne Meyerhöfe. Der erste la Ca-
sa de Luis Gonzaga genannt, liegt nur eine Viertelstunde von der Stadt, nach welchem ich mich mit
noch vielen andern wöchentlich einmal frühmorgens
zu begeben pflegte. Der Weg dahin ist über die
Massen angenehm. Von der Stadt aus, gehet man
über den Triumphplatz, nach welchem eine liebli-
che Anhöhe folget, die auf beyden Seiten des Berges mit grossen, dicken, in schönster Ordnung ge-
setzten Bäumen pranget. Oben stehet ein schönes
Kloster der Alcantariner, das der heilige Petrus
von Alcantara gestiftet. Hinter dem Kloster erhebt sich der Hügel etwas mehr, und ist dick mit
Haselnußstauden besetzet, in welchen viele Nachtigallen ihren Wohnsitz haben. Unten bey dieser grünen Allee geht der Weg fort, und an dem Fuße
des Berges rauschet ein Bächlein vorbey, welches sich nahe bey dem Meyerhofe von einem
Felsen mit einem angenehmen Geräusche herunter

stürzet.

ſtürzet. Der Meyerhof iſt groß, und gleichet einem Kloſter; es ſind allda viele Schlafzimmer,
ein großer Eßſaal, und eine ſchöne Küche. Das
Ausſehen dieſes Hofes iſt überaus angenehm,
und der umliegende Garten voll der beſten ſpaniſchen Früchte. Der andere, el Valle de Jeſus,
oder das Jeſusthal genannt, liegt eine Stunde von
der Stadt zwiſchen hohen Bergen. Man gelanget
unter dem Schatten der dick da ſtehenden Haſelnuß-
ſtauden, an einem vorbeyfließenden Bächlein dahin.
In der Mitte des Weges, unter dem Schatten vieler fruchtbaren Bäume, iſt eine Mühle, in welcher mir das Zimmer gezeiget wurde, in welchem
der berühmte Jeſuit Sanchez ſein gelehrtes Buch
von der Sittenlehre geſchrieben hat. Der Meyerhof iſt mit vielen Zimmern, und allen Bequemlich-
keiten wohl verſehen. In dieſem hielten wir uns
jährlich 15 Tage zur Vacanzzeit auf. Die umliegenden Gärten ſind mit herrlichen Früchten im Ueberfluſſe verſehen, und die Anhöhen mit vielen Oelbäumen
beſetzt, aus deren Früchten das beſte Baumöl aus-
gepreſſet wird. Der dritte Meyerhof, San Ignacio,
liegt etwas mehr als eine Stunde von der Stadt
entfernt, aber in der ſchönſten Ebene. In dieſem
brachte ich nur einmal mit vielen andern einen
Tag zu.

Beynahe anderthalb Stunden von Granada iſt
der berühmte Berg, el Monte ſanto oder el Monte
de

de los Martyres genannt, auf welchem, nach den
Zeugnissen alter Schriften, der heilige Apostel Ja-
cobus mit seinen Jüngern viele Jahre gewohnet haben soll. Auf diesem stehet ein schönes wohl ge-
bautes Canonicatsstift mit einer schönen Kirche.
Die Herren Canonici sind zwar Weltpriester, leben
aber beysammen in einem Hause, das einem Kloster
gleichet. Sie lehren, wie auf andern Universitäten, alle Wissenschaften, und haben viele Schüler,
die alle allda in die Kost gehen. Diese Geistliche leben nach den Regeln oder Sätzen, die ihnen der berühmte Jesuit Sanchez auf erzbischöflichem Befehle
vorgeschrieben. Gleich an dem geistlichen Hause und
Kirche, stehet noch der Ort, wo der heilige Apostel
mit seinen Jüngern gewohnt haben soll. Auch stehen
noch die Feueröfen da, in welchen zur Zeit der Ver-
folgung, von den Heiden viele heilige Märtyrer und
Blutzeugen Christi verbrant wurden, die mit eisernen Gittern wohl verwahrt sind, damit nichts von
der heiligen Asche entfremdet werde. Die uralten
Schriften liegen wohl vermauert unter großen runden Steinen in den Oertern, wo sie gefunden wurden, welche alle von einem unserer Bollandisten,
der auf Ansuchung der dortigen Geistlichen, aus den
Niederlanden dahin gereiset, zu größtem Erstaunen
aller Gegenwärtigen, gelesen und ausgeleget wurden.
Er nahm auch von allen eine Abschrift mit sich,
mit dem Versprechen, daß alles sollte zum Druck

C 3 beför-

befördert werden, unter dem Festtage der Trans-
lation des heiligen Jacobs, so jährlich am 30 December einfällt.

Nach verfloßenem Jahre wurde ich von meinem
Vergesetzten nach Cordova abgeschickt, die Priesterweihe zu empfangen, weil der Erzbischof zu Granada immer bettlägerig, mithin die Priesterweihe zu
geben nicht im Stande war. Nachdem ich durch viele schöne Städtchen, Marktflecken und Dorfschaften gereiset, kam ich den dritten Tag zu Cordova
an.

Nach verflossenen 2 Monaten, da ich die Priesterweihe empfangen hatte, kehrte ich wiederum
über Montilla nach Granada zurück, las daselbst
am Festtage des süßen Namens Jesu die erste heilige Messe, und verfügte mich hierauf wieder nach
Cadiz, und nach dem Puerto de Santa Maria, um
mich zur Abreise nach Indien in Bereitschaft zu
halten.

Den 11ten October 1750 giengen wir das zweytemal zu Schiffe, unsere Reise nach Cartagena in
Westindien fortzusetzen. Es waren unsrer 34 Jesuiten, 2 Geistliche aus dem Predigerorden, und 8
Kaufleute, deren einige nur nach Cartagena, andere aber mit uns bis nach Lima reiseten. Nebst den
Bedienten, die uns aufwarteten, und den Schiffleuten, waren wir zusammen 96 Personen. Das
Schiff

Schiff war ein spanisches, so aber von den Englän-
ländern an die Spanier verkauft wurde. Es nann-
te sich la Virgen del Rosario, und führte 3 große
Mastbäume, 4 große Anker, und 30 Stücke.
Den 12 Oct. wurden die Anker gehoben, und früh
um 7 Uhr fuhren wir aus dem Seehaven von Cadiz mit noch 2 andern Kriegsschiffen, deren ein jedes
80 Canonen zu unserer Beschützung führte, in das
hohe Weltmeer hinaus. Das eine, ein spanisches,
el Soberbio genannt, segelte nach Vera Cruz in Mexico. Das andere war ein englisches, el Princi-
pe Henriquez, welches uns zur Sicherheit gegen
die maroccanische Seeräuber bis an die canarischen
Inseln begleiten mußte, wofür dem englischen
Kapitain von den zween spanischen 2000 harte Thaler bezahlet wurden.

Anfangs hatten wir einen sehr günstigen
Wind, so daß noch selbigen Tag die Stadt Cadiz
und das spanische Gebirge, aus unsern Augen ver-
schwand.

Den 13ten October begegneten uns drey grosse holländische Schiffe; wir wurden mit ihnen schier
den ganzen Tag von einer Meerstille aufgehalten.
Den 14ten erhub sich um 2 Uhr Nachts ein günstiger
Wind, der aber gegen 2 Uhr Abends sich wieder
in eine Meerstille verwandelte. Bey dieser Gelegenheit schickte uns der englische Schifkapitain in
einem kleinen Boote seinen Steuermann, der uns

unter-

unterrichtete, wie wir uns zu verhalten hätten,
wenn sich etwann ein maroccanischer Seeräuber sehen
laſſen ſollte. Gegen Abend um 6 Uhr fieng wieder der nämliche günſtige Wind an, verſchwand
aber am folgenden Tage durch eine Meerſtille.
Unterdeſſen verkürzten uns die Schifleute mit ſchönen ſpaniſchen Tänzen die Zeit.

Den 16ten October bey anbrechender Morgenröthe erhob ſich ein geringer Wind, der aber
in kurzer Zeit in einen ſtarken Sturm ausartete.
Den 17ten folgte eine Meerſtille, die doch gegen
10 Uhr früh ein geringer Wind verjagte. Den 18ten
bey Sonnen Aufgange bekamen wir einen günſtigen Wind, der ſich aber in kurzer Zeit in einen ſo
widrigen Sturm verwandelte, daß die Schifleute an eine andere Reiſe gedenken mußten. Er
hielt den ganzen Tag und die ganze Nacht unter be-
ſtändigem Blitzen mit ſolchem Sauſen und Brauſen
des Meers an, daß wir alle auf dem Boden ſitzen,
und nur mit etwas kaltem den Hunger ſtillen muſten.
Den 19ten wüthete er noch immer fort, und der
finſtere Himmel ſchütete aus ſeinen ſchwarzen und
ſchweren Wolken häufige Platzregen auf das Schif
herunter. Die tobende Meereswellen ſchlugen auf
allen Seiten mit größtem Ungeſtümme, und fürch-
terlichen Getöſe an das Schiff an, und das über
die maſſen tobende Meer verurſachte uns Schrecken
und Schaudern. Dieſes dauerte ſo fort bis den
22ten

22ten Oct. da der sich aufheiternde Himmel unsere
niedergeschlagene Gemüther wieder in etwas aufrich-
tete. Es zeigten sich auch kleine Feuerflammen,
die hin und her in der Luft schimmerten, als gewisse Vorboten der Ausheiterung des Himmels,
die auch den 23sten Oct. zu unserm größten Troste
erfolgte. Aber am 24sten erhub sich Abends der
widrige und stürmische Wind, der das Meer
in vorige Wuth setzte. Am 25 wurde es fast alle
Augenblicke ärger: denn die finstern und schwarzen
Wolken des Himmels goßen einen beständigen Platzregen herab, und gegen Mitternacht wurde die Un-
gestümme des Meers so groß, daß wir uns schon
verlohren gaben. Der ganze Himmel spie aus
den düstern Wolken um und um Blitze und
Donner, der stürmische Wind sauste mit erschröck-
lichem Toben. Hier eröfnete das Meer ganze Abgründe des Wassers, dort erhoben sich hohe Wasser-
Berge, die sich mit beständigem Anpressen an das
Schiff, mehrmalen in solches stürzten. Alle Segel,
nur ein einziges halbes ausgenommen, wurden ein-
gezogen; das Steuerruder widersetzte sich, wegen
der Gewalt des ungestümen Meers, den Kräften der
Steuermänner, und wollte sich nicht mehr von einer Seiten zur andern wenden lassen. Wir brachten
in unserem Zimmer die Zeit mit fürchterlichem Stil-
leschweigen im Gebete zu, gleich denen, die den Tod
vor der Thüre erwarten. Gegen 2 Uhr des Nachts

sten-

fiengen die ungeſtümme Meerwellen an ſich in etwas zu mindern, und auf den Maſtbäumen kamen
einige feurige Dünſte, gleich einigen brennenden
Fakeln zum Vorſchein, welche die ſpaniſche Schiffleute Santelmo nennen. Dieſe feurige Dünſte ſteigen aus dem Meere, und ſchwingen ſich auf die
Spitzen der Maſtbäume, wo ſie von einer zu der andern
ſpringen, und nach einer Zeit in der Luft verſchwin-
den. So lange ſie ſich auf den Spitzen der Maſtbäume aufhalten, iſt es ein Zeichen, daß ſich der Sturm
bald endigen werde, ſteigen ſie aber herab, und
ſetzen ſich auf das Verdeck, ſo wird gemeiniglich der
Sturm noch ſtärker, und das Schiff geräth in Gefahr zu ſcheitern oder unter zu gehen. Da nun dieſe
feurige Dünſte auf den Spitzen der Maſtbäume
verblieben, und allda nach einiger Zeit verſchwan-
den, ſtimmte der Schiffkapitain voll Freuden und
Troſt das Gegrüſet ſeyſt du Königin ꝛc. an, welches die andern Schiffleute dreymal biß an das Ende fortſangen. Hierauf ſchickte er alſobald einen
in unſer Zimmer mit der frölichen Nachricht, daß
wir nichts mehr zu fürchten hätten. Den 27ſten
Oct. näherten ſich die drey Schiffe zuſammen, und
erzählten einander durch das Sprachrohr ihre aus-
geſtandene Angſt wegen des gefährlichen Sturms,
ohne daß eines von dem andern abgeſondert
worden. Den 30ſten Oct. bließ ein ſehr gün-
ſtiger Wind in unſre Segel, und gegen 4 Uhr
Abends

Abends steckte das englische Kriegsschiff seine Flaggen aus, zum Zeichen, daß man schon die kanarische
Insel sähe, welches auch die zwey andern thaten, nachdem sie gleichfalls selbige erblickt hatten. Gegen
Sonnenuntergang waren wir so nahe daran, daß wir
sie bey heiterem Himmel mit blosen Augen sehen
konnten. Den 31sten Oct. befanden wir uns bey
Sonnenaufgange nahe bey der ersten dieser Inseln,
die schon genug bekannt sind.

Den ersten November warfen wir und das
englische Kriegsschiff Anker vor Teneriffa; das spanische aber, el Soberbio genannt, setzte seine Reise
nach Vera Cruz im Königreiche Mexico fort. Der
Schiffkapitain nahm von uns mit 8 Stuckschüssen
Abschied, auf welches erstlich der Engländer, nachmals wir, mit eben so viel antworteten. Die
Insel Teneriffa ist eine der wichtigsten unter
den canarischen. Sie ist sehr fruchtbar an Getraide, Zucker, und gutem starken Wein, der doch
sehr süß, und mehr für das Frauenzimmer, als Mannsleute ist. Sie ist auch sehr wohl bevölkert. Ihren
berühmten Berg Pico, der 2283 Feldmeßruthen hoch
ist, stehet man auf dem Meere bey heiterem Wetter
auf 60 Stunden weit. Es befinden sich auf dersel-
bigen 2 große Städte Laguna und Oratava, deren
die letztere einen guten Seehafen hat, der von einer starken Citadelle beschützt wird. Es wird allda
der gröste Handel getrieben. Die Engländer haben
einen

einen Conſul und verſchiedene Factore daſelbſt.
Laguna iſt die Reſidenz des ſpaniſchen General Gouverneurs von allen canariſchen Inſeln. Sie iſt
wohl gebauet, und hat 2 Pfarrkirchen, 2 Nonnen-
und 4 Mönchsklöſter. In ihrer Gegend wächſt der
beſte in der Welt ſo berühmte Malvaſierwein. Die
Inſel hat auch einige andere kleine Städte, unter
welchen die berühmſte Santa Cruz iſt, in deren
ſchönem Seehafen wir Anker warfen, an das Land
giengen, und uns 3 Tage lang auf der Inſel um-
ſahen. Am folgenden Tage nach unſerer Ankunft
warf auch das ſpaniſche Kriegsſchiff Epiridion allhier
Anker. Es war einen Tag nach uns von Cadiz ab-
gefahren, und führte den Erzbiſchoff von Lima nach
Peru. Wir beſtiegen alſobald ein Boot, ihm
unſere Aufwartung zu machen, und wurden ſehr höflich von ihm empfangen. Es lag auch in dieſem
Hafen ein indianiſches Schiff, la Limenia genannt,
welches von Lima nach Cadiz mit Geld und Kaufmannswaaren abſegelte. Es wurde aber 5 Tage
zuvor bey den africaniſchen Küſten von 2 moroccani-
ſchen Seeräuberſchiffen angegriffen. Die Schiffleute
wehrten ſich ſehr tapfer, und da ſie zuletzt zum Ab-
feuern keine eiſerne Kugeln mehr hatten, luden ſie
ihre Stucke mit ſpaniſchen Thalern. Das beſtändi-
ge Canonieren wurde von 2 Portugeſiſchen Kriegs-
ſchiffen gehöret, die gegen die maroccaniſchen Seeräuber ſtreiften. Sie kamen eilends dem ſpaniſchen

Schiffe

Schiffe zu Hülffe; aber da dieses die Seeräuber
vermerkten, liesen sie das angegriffene Schiff fahren, und eilten über Hals und Kopf nach ihren afri-
canischen Küsten zurück. Das siegreiche peruanische
Schiff flüchtete in diesen Seehafen von Teneriffa,
um ausgebessert zu werden.

Den 5 November um 4 Uhr Abends hoben wir
wieder die Anker, und erreichten am folgenden Nach-
mittage die 3 letztern canarischen Inseln Gomera,
Hiero oder Ferro, und Palma.

Den 7ten November verlohren wir alle cana-
rische Inseln aus den Augen, und am 8ten liefen
wir in den Golfo de las Damas, oder in das Frau-
enzimmer-Meer ein. Dieses wird von den See-
leuten so genennet, weil allda niemal ein Sturm zu
fürchten, indem täglich der günstige Ostwind bläset,
der die Schiffleute nach Westindien in ihrer Schiff-
fahrt treflich befördert. Die Rückfahrt aber von
Indien nach Europa kann nicht über dieses Meer
genommen werden, weil allda kein anderer, als
nur der Ostwind bläset, der den Zurückreisenden
völlig zuwider ist. Daher müßen sie von Cartagena
aus ihren Weg nach Havana durch den gefährlichen
Canal von Bahama nehmen, um in den Golfo de
las Yeguas, oder in das Stuttenmeer zu kommen,
und allda einen günstigen Wind nach Europa zu suchen.

Den

Den 12ten traten wir in den Sonnenwendekreis des Krebſes ein, deſſen ſehr überläſtige Hitze wir genugſam empfanden, beſonders von 9 Uhr früh biß 4 Uhr Abends, wenn uns eine Meerſtille hemmte, oder ſich kein friſcher Wind erheben wollte. Hier verkündigten die Schiffleute unter dem Klange der Trompeten den Befehl ihres Königes Neptuns, den ſie an dem mittlern Maſtbaume aufhenkten. Es war ein luſtiges Schauſpiel Um 1 Uhr Nachmittags verkleideten ſich alle Matroſen als Soldaten, und zogen von dem vordern Theile des Schiffs in ſchönſter militäriſchen Ordnung mit Trommel und Pfeifen, mit Flinten auf den Schultern, und Säbeln an der Seite gegen den hintern Schifftheil, wo der Thron ihres Meerkönigs Neptuns ſchon aufgerichtet ſtund, den ſie in Figur eines halben Mondes umgaben. Hierauf ließ ſich der Meerkönig, der oben auf dem Maſtbaume in der Schildwachthütte verborgen lag, an einem Stricke herab, und ward ſogleich von ſeinen Soldaten auf den Thron geſetzt. Der Schiffkapitain wurde am erſten mit ſeinen 3 Steuermännern vor Gericht gerufen, den er ganz zornig mit dieſen Worten anredete. „Vermeßener „Menſch! wer hat dir die Erlaubniß gegeben, biß „in das innerſte meines Reichs zu bringen, und „mich in meiner Ruhe zu ſtören? Weißt du nicht, „daß ſich niemand ohne mein Wißen und Willen un„terſtehen darf, biß in dieſe Gegenden zu ſchiffen?„

Der

Der Schiffskapitain entschuldigte sich mit den Seinigen, so gut als er konnte; allein er bekam doch einen starken Verweiß von dem Meerkönige, wie auch
alle andere, die nach und nach vor ihn gerufen wurden. Zuletzt legte er allen die Strafe auf. Der Kapitain, nebst andern Wohlhabenden mußte ohne Ver-
zug 3 Maaß Wein, entweder in natura, oder in
Geld, die andern vom Mittelstande 2 Maaß, die
letztern, die nicht viel hatten, eine Maaß erlegen;
wer nun diese Strafe nicht bezahlen konnte, wurde
alsobald an einem Seile wohl angebunden, dreymal in das Meer hinein getaucht.

Den 18ten Nov. umgaben die sogenannten Vo-
ladores, oder fliegende Fische, *) unser Schiff
rings herum, deren einige in dasselbe fielen. Denn
wenn ihre Flügel in der Luft trocken werden, müssen sie wieder in das Meer herunter fallen. Sie
sind nicht größer, als ein Häring, ihre Flügelchen
sind wie an den Fledermäußen. Die Fische sind sehr
gut zu essen.

Den 3ten December feyerten wir mit Absin-
gung eines hohen Amtes das Fest unsers Indianer-
Apostels, des heiligen Xaviers, wobey alle Schiffleute mit Flinten aufzogen, und dreymal in schönster Ordnung Feuer gaben.

Den

*) Exocoetus uolitans *Linn.* Hirundo *Rondelet.* Miluus
Saluiani, Bellonii &c. Willoughbeii Hist. piscium, p. 283.
Tab. S. 6. Der Fisch flüchtet sich vor den Doraden. M-

Den 4ten umgab uns ein ganzes Kriegsheer sowohl von fliegenden, als schwimmenden Fischen. Den 5ten erhob sich ein starker Wind mit vielem Platzregen. Um unser Schiff herum schwamen viele Kräuter, die uns ein Anzeigen gaben, daß wir nicht weit vom festen Lande wären. Den 7ten Dec. wurde der Wind noch stärker, wir konnten nicht mehr, als 2 Segel gebrauchen. Viele Meerschweine umgaben das Schiff in großer Menge. Gegen 9 Uhr früh überzog sich der Himmel mit einer schwarzen und dicken Wolke, die viele Platzregen über uns herunter goß. Nicht weit von uns machte sie von oben an bis in das Meer eine Säule, die schlangenweise geflochten, und mit einem Windwirbel versehen war. Die Spanier nennen dergleichen Wassersäulen, oder Wasserhosen Bomba del Mar. Die dicke und schwarze Wolke, die gleichsam schwanger gieng, öfnete sich mit einem erschrecklichen Risse, nach welchem sich die schlangenweise geflochtene Säule bis in das Meer hinab senkte, wo sie wegen der Gewalt des Wirbels, den sie verursachte, einen weiten und großen Schlund machte, aus welchem sie gleich einer typhonischen Wassersäule *),

unend-

---

*) Büffon statuiret zweyerley Gattungen der Wassersäulen, deren die eine aus einer von heftigen Winden zusammen gepreßten cylinderförmigen Wolke, die zwote aber, der Typhon, in dem Grunde der See entstehet, das

er

unendlich viel Waſſer unter einem erſchrecklichen Sauſen und Brauſen biß in die Wolken hinauf zog. Wie groß die Gewalt ſolcher Waſſerſäuleu ſey, kann daher abgenommen werden, weil das Meer unter dem größten Getöſe, einen ungeheuren Wirbel formiret, der entſetzlich wüthet, tobet, und ſich in die Höhe erhebt. Wenn etwann das Schiff durch den heftigen Wind gegen dieſe Waſſerſäule getrieben werden ſollte, ſo iſt kein beſſeres Mittel vorhanden, als daß alſobald etliche Stücke ſcharf mit Kugeln geladen, gegen ſie abgefeuert werden, damit durch die Kugeln die Stütze, oder beſſer zu ſagen, die Vereinigung der Waſſerſäule mit der Wolke durſchnitten werde. Es fällt ſo gleich alles Waſſer, gleich einem Wolkenbruche wiederum in das Meer herunter, ehe das Schiff dahin gelanget. Dieſe Waſſerhoſe erſchien auf der rechten Seiten unſeres Schiffs, und war von uns ſo weit entfernet, als eine Stückkugel reichen kann; ſie dauerte aber nicht länger, als eine halbe Viertelſtunde, nach welcher Zeit die dicke und finſtere Wolke ſich anderswohin verzog, die Waſſerſäule aber alſobald vor unſern Augen verſchwand.

Den

---

er einem unterirdiſchen Feuer zuſchreibet. In den vermiſchten Beyträgen zur phyſikaliſchen Erdbeſchreibung, I Band, wird S. 117 u. f. von dieſen Waſſerhoſen gehandelt. M.

D

Den 9ten December liesen sich unterschiedliche fremde Vögel auf unsern Mastbäumen sehen, deren etliche von den Schiffleuten gefangen wurden. Den ten gegen Mittagszeit kamen uns die antillischen Inseln zu Gesichte, la Dominique und la Martinique, deren schmalen Canal wir gegen 5 Uhr Abends glücklich durchsegelten.

Den 13ten Dec. entdeckten wir um 7 Uhr früh die 2 Inseln Curaçao und Oruba. Am 15ten erblickten wir von ferne in einem kleinen Meerbusen an der wilden Indianer Küste ein Schiff, welches ein Seeräuber zu seyn schien. Denn in diesen Gegenden pflegen die wilden Indianer sich mit dem Raubgesinde der Holländer zu vereinigen, um die spanischen Schiffe zu plündern. Der Kapitain befahl alsobald, alle Stücke scharf mit Kugeln zu laden, und alle Flinten und Säbel unter die Leute zur Gegenwehr auszutheilen. Da wir uns aber mehr näherten, sahen wir, daß das Seeräuberschiff auf einer Sandbank gescheidert, und sich völlig leer befand.

Gegen 9 Uhr früh am 15ten Dec. sind wir in den großen Fluß, den die Spanier el Rio grande nennen, eingefahren. Das Wasser war ganz trübe, welches sich mit dem Meerwasser auf etliche Stunden weit nicht vereiniget, und ist so tief, daß wir 5 oder 6 mal das Senkbley warfen, und dennoch keinen

keinen Grund finden konnten, da wir doch kaum einen Büchsenschuß vom festen Lande entfernet waren. Dieser große Fluß in Terra firma, oder im Königreiche von Santa Fè, so auch Neugranada heisset, in Südamerica, entstehet aus zween Flüssen, nämlich aus dem Fluße Cauca, oder der heiligen Martha, und aus dem Flusse der heiligen Magdalena, deren der erste in der Provinz Popayan, der andere in Neugranada entspringet. Gegen 10 Uhr Mittags ist uns das ganze feste Land dieses Königreiches zu Gesichte gekommen, dessen Küste kaum 20 oder 30 Schritte von uns entfernet war. Sie ist fast dem Meere gleich. Diese schöne und große Ebene erstreckt sich auf 3 bis 4 Stunden, ehe die hohen americanischen Berge ihren Anfang nehmen. Es müssen daher die Schiffleute, absonderlich zur Nachtzeit, sorgfältig Acht haben, damit das Schiff wegen der Nähe des Ufers, nicht in Gefahr zu stranden gerathe.

Gegen 11 Uhr erblickten wir die Berge von Cartagena, und stunden schon um 2 Uhr Nachmittags gegen den Berg über, der von den Spaniern el Monte de la Popa genennet wird, auf welchem sich ein Kloster der Herren Augustiner befindet, nebst nebst einer schönen und großen Kirche, in welcher ein großes Gnadenbild der allerseligsten Jungfrau verehret wird, zu welchem absonderlich die Schiffleute ein großes Vertrauen tragen. Hier wurde vor

D 2   dem

dem Altare des Schiffs von einem Priester das Salve Regina angestimmet, welches die andern bis zu Ende fortsangen, wobey zugleich 14 Stücke abgefeuert wurden. Nach diesem stimmte der Priester abermal das Te Deum laudamus an, welches Chorweise von den andern vollendet wurde. Hier umarmten wir uns alle auf dem Schiffe, und gratulirten einander mit Freudenthränen wegen glücklich vollbrachter Reise. Um 4 Uhr waren wir bis an den Eingang des äußern Seehafens, welchen die Spanier Boca chica, oder das Kleinmaul, nennen, gekommen, wo unser Schiff wegen des wenigen Wassers stehen blieb, bis das Meer bey gewöhnlicher Fluth wieder anlief. Dieser Eingang wird von zwo sehr festen Citadellen beschützt, welche auf den gegen einander über stehenden Halbinseln erbauet sind. Die Citadelle der linken Seite nennen die Spanier el Castillo de la tierra bomba, die andere auf der rechten el Castillo de la Paz. Von dannen sind noch 3 Stunden in die Stadt, *) weil sich der äusere Seehafen auf mehrere Meilen im Umkreise beläuft.

Den

*) Es lag ein Abriß der Bay von Cartagena bey der Handschrift; weil aber dergleichen schon oft heraus sind, auch die in Don Anton Ullôa Reise nach dem Königreiche Peru (Allgem. Hist. der Reisen. Leipz. 9ten Bands, Tab. VII) ausführlicher ist, so habe ich sie weggelassen. M.

Den 15ten December wurden wir von vielen
Herren sowohl aus der Stadt, als aus den umliegenden Halbinseln besucht. Auf den Sandbänken
dieser Halbinseln, wie auch an dem Meerbusen ist
alles voll Meerschildkröten, die von den Schwarzen
und Indianern mit einer langen Stange gefangen
werden, die sie der Schildkröte unter den Bauch
schieben, und sie umwenden. Sie müssen sich aber
sehr in Acht nehmen, daß die Schildkröte keinen ihrer Finger mit dem Schnabel, der dem großen
Geyerschnabel gleichet, erwische; denn sonst beißt
sie in einem Augenblicke den Finger ab. Sie sind
so groß, als ein mittelmäßiger Ovaltisch. Das
Fleisch gleichet einem Rindfleische, und ist sehr gut
zu essen, absonderlich wenn es in der obern Schaale der Schildkröte selbst über den Kohlen zubereitet
wird.

An dem nämlichen Tage um 12 Uhr Mittags
schickte der Obere der Jesuiten seinen Schaffner aus
der Stadt mit einem großen Nachen, um uns aus
dem Schiffe in die Stadt überzusetzen. Es war dieses nur ein einziger inwendig ausgehöhlter großer
Baum, der oben gleich einem Dache, mit indianischem Rohre bedeckt war, uns gegen die Sonnenstrahlen zu beschützen. Man nennet sie Bonquen.
Nachdem wir nun von unserem Schiffkapitain und
andern Reisegefährten Abschied genommen, kamen
wir gegen den Abend um 4 Uhr bis in die Halbin-

D 3   sel,

fel, die jenſeits des Seehafens liegt. Wir küßten für
Freude die Erde, und erluſtigten uns mit Spazierengehen, wo wir die erſten indianiſchen Früchte
koſteten. Nebſt vielen Melonen, (Sandillas), die
wir ſchon in Spanien nach Genügen gekoſtet hatten,
wurden uns auch Platanos und Papayas aufgeſez-
zet. Die Platanos-Bäume werden auf Feldern gepflanzet, die große hohe Beete haben, mit tiefen
Furchen, damit zu Zeiten das Waſſer könne einge-
führet werden, weil der Baum, wenn er viele und
gute Früchte geben ſoll, viel Feuchtigkeit erfordert.
Sie werden Reihenweiſe in ſchönſter Ordnung dicht
aneinander gepflanzet, und geben einen überaus
kühlen Schatten zum Spazierengehen, gleich einem
dicken Walde. Der Baum wächſet nicht höher,
als ein mittelmäßiger Zwetſchenbaum, und kann
mit beyden Händen umfaſſet werden. Er iſt ſo ſaf-
tig und weich, daß er mit einem Meſſer leicht durch-
ſchnitten werden kann. Die Blätter wachſen oben
in der Mitte des Stammes ringsherum, die
meiſten ſind 2 bis 3 Ellen lang, und eine halbe
breit, ſo, daß ein Mann ſich mit 2 derſelben hinten
und vorne bedecken kann. Die Aeſte wachſen zwiſchen den großen Blättern heraus, und ſind ſo ſaf-
tig und weich, wie der Stamm. Von der Mitte
an bis zur Spitze des Aſtes, treibet er ſeine Früchte heraus, die großen Weintrauben gleichen, doch
mit dem Unterſchiede, daß anſtatt der Weinbeere,

die

die Früchte einer Spannlangen und zweyen Daumen
dicken Bratwurst gleichen, die Anfangs grün, nachher
aber zeitig wachsgelb sind, da sie dann abgebro-
chen, die Schälfen aber nur mit dem Finger von
oben bis unten, gleich einer Rübe, abgezogen werden. Das Inwendige ist einer gelben harten Butter ähnlich, und hat den angenehmsten Geschmack
einer mit Specereyen eingemachten Frucht.

Der Papayas-Baum wächset auf wie ein gros-
ser Pomeranzenbaum. Etwas höher, als die Mitte
des Stammes bringet er seine Aeste hervor, die in
schöner Ordnung rundherum stehen. Die Blätter
gleichen sehr viel unsern wilden Castanien. Die
Früchte wachsen nur oben aus dem Stamme heraus, wo die erstern Aeste anfangen. Es bringt der
Baum nicht mehr als 5 oder 6 hervor, die an ge-
meldtem Orte wie ein Kranz um den Stamm
herum hangen. Die Frucht gleichet einer großen,
länglichten, und gelben Melone, deren Fleisch
auch dem ihrigen gleich, aber viel weicher und angenehmer zu essen ist. Auf der nämlichen Halbinsel
bewirthete man uns mit einem herrlichen Nachtmah-
le, unter einer mit indianischem Rohre geflochtenen
Hütte. Uns Deutschen war das englische Bier, so
man uns aufsetzte, sehr angenehm, und wir zogen
es dem spanischen Weine vor. Diese Halbinsel wird
meistentheils von den Schwarzen bewohnet, die alle Sclaven derjenigen sind, denen sie zuge-

D 4 hörig

hörig iſt. Sie bauen die Felder und Gärten an,
laufen alle wegen der großen Sonnenhitze nackend
herum, und haben nichts um den Leib, als einen
kurzen Schurz, den ſie um die Lenden herumbin-
den. Wir giengen um 2 Uhr Nachts bey hellem
Mondſcheine wieder in den Nachen zurück, unſere
Reiſe nach der Stadt fortzuſetzen, und kamen um
4 Uhr früh bey der Citadelle des heiligen Seba-
ſtians an, auf welcher wir den Tag erwarteten.
Dieſe ſowohl, als die andere gerade gegenüber
auf der andern Halbinſel ſtehende, beſchützen
den innern Seehafen, wo ſich die Schiffe befinden.

Den 17 December ſo bald früh die Stadttho-
re eröfnet wurden, empfiengen uns die Unſrige ſehr
höflich und liebreich. Wir machten alſobald, wie
es gebräuchlich iſt, bey dem Statthalter, und
Biſchoffe unſere Aufwartung, welche beyde uns
auch folgenden Tag in unſerer Wohnung heim-
ſuchten. Den 26 Dec. kam unſer Schiff an, auf
welches gleich noch an ſelbigem Tage das andere
ſpaniſche Schiff, Epiridion genannt, anlangte,
in welchem der Erzbiſchof von Lima übergeſetzt
wurde, der hernach den 3ten Jänner 1751 allhier in der Domkirche zu einem Erzbiſchoffe geweihet
ward, welcher ſehr feyerlichen Ceremonie auch wir
beywohnten.

Die

Die Stadt Cartagena ist der vornehmste Ort
in der Audiencia de Santa Fè, oder im neuen Königreiche Granada. Sie ist auf einer Halbinsul erbauet, welche durch einen langen Damm mit dem
festen Lande zusammen hänget. Die Vorstadt wird
Xexemani genannt, die auch eine Halbinsul macht,
und mit der Stadt durch eine Brücke verbunden ist.
So wohl die Vorstadt, als die Stadt selbst sind mit
unterschiedlichen Meerarmen umgeben, und mit
grossen, hohen, und dicken Mauern, und festen
Bollwerken eingefasset. Die Vorstadt wird durch
eine Brücke mit dem festen Lande verknüpfet, (wo
das Schloß, oder die Citadelle des heiligen Lazarus
auf einer Anhöhe stehet, die so wohl Stadt, als
Vorstadt noch besser beschützet. *) Die Stadt hat
gerade und breite Gaßen. Die Häuser sind theils
mit Stein, theils mit Holz aufgebauet, deren Fenster nicht mit Glaßscheiben, sondern von durchsich-
tiger Leinwand gemacht sind. Es können die Fenster nicht wohl mit eißernen Gittern verwahret werden, weil die salzige Meerluft alles, was von Eisen ist, in kurzer Zeit anfrißt, und völlig unbrauchbar macht. Die Häuser haben auswendig eine
dunkle Farbe, wegen der feuchten Meerluft. Nebst
der Domkirche sind allhier 2 Pfarkirchen, ein Jesui-

D 5   ter

---

*) Ich habe manches übergangen, das man ausführlicher in
Ulloa's Reise nach Peru lesen kann. M.

tercollegium 4 Manns-und-2 Nonnenklöster. Das
Spital des heiligen Lazarus stehet aufer der Stadt,
wo Aussätzige, und mit der französischen Krankheit
behaftete versorgt werden. Die andern arme Kranke
aber befinden sich in dem Spitale der barmherzigen
Brüder. Der Seehafen wird unter allen in America am meisten besucht, und die Einwohner berei-
chern sich durch die Handelschaft, absonderlich durch
die Perlen, welche von der Insel Margarita, und
andern benachbarten Inseln nach Cartagena gebracht,
und daselbst zubereitet, und durchbohret werden.
Die Hitze in dieser Landschaft, die das ganze Jahr
Sommer hat, wo die Bäume niemal ihre grüne
Blätter verlieren, ist sehr groß, welche doch zuweilen von der frischen Seeluft in etwas gemindert
wird. Die Luft ist schier das ganze Jahr naßwarm,
so daß die menschliche Körper fast den ganzen
Tag hindurch mit häufigem Schweiße rinnen, daher
auch nicht zu bewundern, daß die Leute ganz bleich
sind. Die Mannspersonen gehen zu Hause ohne
Camisol nur im Hembde, Hosen, und Strümpfen herum. Wenn sie aber ausgehen, sind ihre Kleidungen
von sehr dünnen und leichten Zeugen. Das weibli-
che Geschlecht von gutem Herkommen ist zu Hause
ehrbar bekleidet, aber wegen der großen Hitze mit
sehr dünnen und durchschimmernden Zeugen ange-
than, daher sie in ihren Zimmern allezeit die Fenster
mit weißen aus feiner Leinwand gemachten Vorhän-
gen

gen verschliefen, mithin sich allezeit in einer kleinen
Dämmerung befinden. Werden sie aber bey Tage
von Mannsleuten besucht, so wickeln sie den obern
Leib in einen weißen Flor ein, und bleiben auf ihren Küssen sitzen, ohne sich weder aufzurichten, noch
sich von einem Orte zu dem andern zu begeben. In
der Kirche tragen sie über ihre dünne Kleidung
einen feinen schwarzen Taffet. Ihre Finger stecken
voll Ringe mit Brillanten. An dem Halse herum
tragen sie ein reiches Gehänge von feinen grosen
Perlen, oder von Gold mit Brillanten besetzt.
Eben so sind auch ihre reiche und kostbare Ohrenringe
und Armbänder. Das übrige von ihrem Schmuk-
ke hängen sie an hohen Festtagen ihren schwarzen
Sclavinnen an, deren 4 oder 6 ihnen allezeit auf
der Gasse als Kammerjungfern nachtreten, die sehr
schön gleich schwarzen Göttinnen daher gehen. So
wohl Manns, als Weibsleute hohen und niedrigen
Standes rauchen hier zu Lande Taback wegen der
feuchten und nassen Luft, die Gesundheit zu erhalten,
aber nicht aus Tabackspfeifen, sondern sie nehmen
die feinen Tabacksblätter, wickeln solche rund ein,
machen aus selbigen ein festes Würstchen einen Finger lang und dick, welches inwendig eine kleine Höh-
lung hat, dieses zünden sie vorne an, und stecken die
andere Seite in den Mund, und also rauchen sie
den Taback, so lange sie wollen, nachmals löschen
sie das Tabackswürstchen nach Belieben aus. Der
Taback hat einen angenehmen Geruch.   Die

Die heiligen Meſſen werden früh um 5
Uhr angefangen, welchen alle Standesperſo-
nen beywohnen. Wenn man um dieſe Zeit von
oben in die Kirche hinab ſchauet, ſo funkeln die
Brillanten, die das Frauenzimmer an ihren Ohren
und Fingern wie auch an ihren Halsgehängen trägt,
dermaßen, daß man meinen ſollte, die ganze
Kirche ſey mit lauter Feuerfunken angefüllet. Die
Prieſter, welche an Sonn-und Feyertägen das Amt
etwas ſpäter ſingen müſſen, haben die größte Be-
ſchwerniß, weil ſie bey dem Altare für Hitze und
beſtäubigem Schwitzen am ganzen Leibe faſt ver-
ſchmachten möchten. Um 11 Uhr Vormittag wird auf
dem Tiſche Roſoli, Miſtella, oder eine Flaſche von
dem ſtärkſten ſpaniſchen Weine mit Biſcuit, oder
mit etwas anders, ſo ſich zum Trunke ſchickt, auf-
geſetzt, von welchen ein jeder nach Belieben etwas
koſtet, um den Magen wegen der großen Hitze zu
ſtärken, welches die Einwohner hacer las once heiſ-
ſen. Nach dieſem wird der Tiſch alſobald zum Mittageſſen zubereitet. Faſt der ganze Nachmittag wird
wegen der großen Hitze mit Waſſertrinken zugebracht,
welches nur Regenwaſſer iſt, ſo in den Ciſternen
aufbehalten wird. Denn alle Brunnen führen geſal-
zenes Waſſer. Der Unterſchied der Farben in den
Geſichtern hier zu Lande kommt von der Vermi-
ſchung des Geblütes her. Die Weißen, wenn ſie
von Europa hieher kommen, werden Chapetones,

die

die Weibsleute Chapetonas genennet; sind sie aber
von Weißen in Indien gebohren, heissen sie Criollos,
und Criollas. Vermischt sich ein Weißer mit einer
Schwarzen, so kommen die Kinder dunkelbraun auf
die Welt, und man nennt sie Mulatos und Mulatas.
Verheurathet sich ein Schwarzer oder Mulatte mit
einer Indianerin, die mehr weiß, als brunet sind,
so werden die Kinder Sambos und Sambas genennt.
Zeuget aber ein Weißer mit einer Indianerin Kinder, und kommen selbige schon sehr weiß auf die
Welt, so heißt man sie Mestizas und Mestizas,
deren Gesichtsfarbe die gesundeste und lebhafteste ist.
Aus den Mestizen kommen die Terceronen her, aus
diesen die Quarteronen, aus diesen die Quinteronen,
und endlich aus diesen letztern die Puchuelos und
Puchuelas, welche schon unter das spanische Geblüt
gerechnet werden. Die schwarzen und brüneten Leute versehen alle Handwerker, alle Bedienungen, und
allen Feldbau. Die Kinder, die hier zu Lande gebohren werden, können schon nach 4 oder 5 Monaten laufen und reden, es ist sich also nicht zu verwundern, wenn sie mit 6 oder 7 Jahren schon zum
heiligen Abendmahl geführet werden. Die umliegenden Berge, Wälder, und Felder sind mit einem
beständigen Sommerrocke bekleidet, denn die Bäume verlieren niemal ihre grüne Blätter. Die Spazir-
gänge sind zur Abendzeit über die maßen angenehm,
doch müssen Fremde nicht allein gehen, weil in den

Wäl-

Wäldern viele wilde Aepfelbäume sind, die sie
Manzanillas nennen. Sie machen zwar den ange-
nehmsten Schatten, wenn aber jemand nur eine
Viertelstunde unter einem solchen Baume ausruhet,
fängt er nach und nach an, am ganzen Leibe also
aufzuschwellen, daß kein Mittel mehr zu finden, die
Geschwulst zu vertreiben. Die Menge der
Vögel, die mit den schönsten Federn bekleidet sind,
ist sehr groß. Papagayen, deren es unterschiedliche
Arten gibt, werden von den Weibsleuten wohl im
Reden unterrichtet, die sie sehr theuer verkaufen.
Als wir uns ein ganzes Monat in Cartagena aufgehalten, giengen wir den 19ten Jänner 1751 wieder
zu Schiffe, und seegelten den folgenden Tag früh
mit einem so günstigen Winde, daß wir innerhalb
24 Stunden bey dem Eingange des Seehafens Portobello anlangten. Da wir allda unverhoft von einem
Sturmwinde wieder in das hohe Meer hinausgetrie-
ben wurden, befanden wir uns den andern Tag
fast wieder in den Gegenden von Cartagena, wo
wir 4 Tage mit den ungestümmen Meerwellen zu
streiten hatten. Unser Schiffkapitain, ein Holländer,
fürchtete, es möchte noch ein stärkerer Sturm entste-
hen, und flüchtete sich bey Zeiten in den Seebusen
von Darien, der uns zwischen 3 Inseln wider das
stürmische Meer beschützte. Diese 3 Inseln mächen
ein Viereck, denn eine ist mit der andern durch eine
weiße und in etwas feste Sandbank vereinigt, durch
wel-

welche auf einer Seite so viel Raum gefunden wird,
daß ein Schiff durchsegeln und zwischen denselben
Anker werfen kann. Wir stiegen alle auf diese kleine Inseln. Sie sind zwar unbewohnet, doch voll
von Citronenbäumen. Die Citronen sind nicht
größer, als ein kleines Hünerey, leisten aber den
nämlichen Dienst, als die großen. An dem Ufer
herum stehen viele Cocosnußbäume, die so groß werden, als unsere Weidenbäume bey den Bächen.
Wo der Stamm ein Ende hat, ist ein dicker Knopf,
aus welchem die Aeste wie ein Busch heraus-
wachsen, deren Länge von 3 bis 4 Ellen ist. Aus
den Aesten, die sehr weich und saftig, wachsen die
Blätter heraus, die 2 Daumen breit, und 3 biß 4
Spannen lang sind. Die Cocosnüße wachsen unter
den Aesten auch aus dem nämlichen Knopfe heraus, und
haben auffen eine grüne dicke Schälfe, so, daß sie
einem grünen Kürbisse gleichen. Diese wird mit einem starken Meßer, oder mit einem kleinen Beile
von der Cocosnuß abgeschälet, die Nuß aber, die in
der Mitte sich befindet, hat eine harte bräunliche
Schaale, die so groß, als ein großes Gänsey ist.
Oben hat sie 3 Löchlein, die mit einem kleinen
Häutchen zugewachsen sind, welche man mit der
Spitze des Meßers eröfnet, und so das Cocoswaßer
aus der Nuß heraus trinket. Es hat den Geschmack
und die Farbe einer Mandelmilch. Nachmals wird
oben die Nuß aufgemacht, und das innere, so inwendig
gleich

gleich dem weisen eines hartgesottenen Eyes an der
Schaale herum hanget, heraus genommen, welches
den Geschmack der Mandelkerne hat. Die äuse-
ren braunen Cocosschaalen werden schön ausgearbeitet, poliret, und man macht aus denselben die
schönsten mit Gold oder Silber eingefaßten Ta-
sen, aus welchen man hier zu Lande den Chocolate
trinket.

Nebst diesen 3 Inseln ist dieser Meerbusen von
Darien mit mehr als 300 andern kleinen besähet,
die gleichermassen unbewohnet, aber mit vielen Ci-
tronen- und Cocosbäumen gezieret sind. Bey den
Ufern dieser Inseln sind an den Bäumen viele kleine Nachen angebunden, die den wilden Indianern
des festen Landes von Darien, welche zu Zeiten auf
solche kommen, zu ihrem Fischfange dienen. Dieser
Meerbusen von Darien wird auf Indianisch Uraba
genannt, wegen des großen Flusses Darien oder
Uraba, der sich allda in das Meer ergieset, und sowohl dem Meerbusen, als der umliegenden festen
Landschaft den Namen ertheilet, welche von sehr
wilden und grausamen Indianern, die den spanischen
Namen weder hören, noch wissen wollen, bewohnet
wird, daher wir uns auch nicht unterstanden haben,
in ihren Seehafen einzufahren, obgleich der König
von Spanien ihnen jährlich vieles Geld bezahlet,
damit sie den Spaniern, die in der Noth allda Anker werfen, mit Liebe und Freundschaft die nothwendige

wendige Lebensmittel mittheilen sollen. Diese 3
Tage über, die wir zwischen diesen Inseln zubrachten, füllten wir unser Schiff mit Citronen und Co-
cosnüssen an. Das Wasser, so auf den weißen
Sandbänken kaum anderthalbe Spannen hat, ist
voller Fische, die sie Rayas *) nennen. Wir fiengen von solchen diese drey Tage hindurch mehr als
300. Der Fisch ist rund, wie ein großer Teller, aber
nicht dicker, als ein Halbfisch oder Plateis. Der
Schwanz ist schier 3 Spannen lang, in dessen Mitte wächset ein Pfeil eine halbe Spanne lang, der
hart wie ein Fischbein ist, heraus. Mit diesem
Pfeile, wenn auf ihn getretten wird, schlägt
er in den Fuß, der so gleich aufschwillt, und der
ganze Leib wird tödlich vergiftet. Das Gegenmittel
ist, wenn ein Pfeil von diesen Fischen gleich mit
Feuer angebrannt, und der Geruch von dem Verwundeten durch die Nase in den Kopf hinauf gezogen wird, wie solches uns der Schiffkapitain, und
andere glaubwürdige Leute versichert haben, die es
entweder selbst an sich gebraucht, oder von andern
in solchen Umständen brauchen sahen. Diese Fische
liegen ganz still in dem Wasser auf dem weißen Sande ohne fort zu schwimmen, wenn auch mit dem
Fuße auf sie getretten wird, und da sie oben auf
dem

*) Pastinaca marina prima *Rondeletii.* Raia pastinaca *Linn.*
Der Pfeilschwanz. XI.

E

dem Rücken schwarzbraun sind, werden sie in dem
Wasser auf dem weisen Sande schon von ferne gese,
hen. Man fänget sie also : Es werden von star,
kem Holze dicke Stecken auf den Inseln abgehauen,
die man unten spitzig macht. Einer sticht damit den
Fisch auf den Rücken, und heftet ihn in dem Was,
ser auf den Sand an, wo unterdessen der andere mit
einem kleinen Beile den Schwanz abhauet. Sie
sind viel besser zu essen, als die Halbfische oder Plat,
eise.

Den 27sten Jänner, nach dem sich die Wuth
des stürmischen Meers gelegt, und ein günstiger
Wind zu blasen anfieng, hoben wir die Anker, und
kamen gegen 4 Uhr Abends das zweytemal bis an
den Eingang des Seehafens von Portobello, wo
zween hohe Felsen gleich zwo Säulen aus dem Mee,
re hervorragen. Bey dem Eingange erblickten wir
von ferne ein großes englisches Kriegsschiff, welches
allda mit verbottenen Kaufmannswaaren vor Anker
lag. Die Engländer, welche vermeinten, unser
Schiff wäre ein spanisches Wachtschiff, die in diesen
Gegenden beständig herum streiffen, fremde Schiffe
mit verbottenen Kaufmannswaaren hinwegzunehmen,
lößten alsobald ein Stuck, um zu wissen, ob wir
Freunde oder Feinde wären ; allein unser Schiffka,
pitain ließ mit aller Geschwindigkeit, weil wir zu
antworten keine Stücke hatten, seinen kleinen Na,
chen aussetzen, auf welchem er einige von seinen Leu,
ten

ten zu dem englischen Kriegsschiffe überschickte, welches das Zeichen war, daß wir Freunde wären.
Sie löschten alsobald ihre Lunten aus, die sie
schon in Bereitschaft hatten, ihre Stücke mit Kugeln gegen uns los zu brennen. Wir fuhren ohne
Gefahr in den Hafen, und warfen den Anker gleich
bey dem englischen Kriegsschiffe, wo wir mit einer
schönen Musik von Querflöten und Waldhörnern sehr
höflich empfangen wurden.

Den 29sten Jänner wurden wir von dem spanischen Hauptmanne des Seehafens früh morgens um
8 Uhr in kleinen Nachen in die Stadt Portobello
übergesetzt. Er empfieng uns in dem Hause, so schon
für uns zubereitet war, mit aller Höflichkeit. Die
Stadt liegt an einem Flusse zwischen etlichen hohen
Bergen, die den Seehafen mit einer sehr angenehmen
Reihe der Bäume umgeben. Die Häuser sind aus
Holz gebauet, sie haben wegen vielen Regenwetters
auswendig eine sehr dunkle Farbe. Den größten
Theil der Stadt machet eine lange Gasse aus, die
aber durch 19 Quergassen durchschnitten wird.
Sie hat 2 große ins Viereck geführte Märkte, wo
die Kaufleute von Europa und von America zu Meß-
zeiten ihre Kaufmannswaaren haben. Die Pfar-
kirche ist wie ein Canonicatsstift, und wird von Welt-
priestern, die alle als Mulatos und Sambos braune
Gesichter haben, versehen. Es ist auch hier ein Kloster der Väter de la Merced de los Captivos, und ein

Spital

Spital der barmherzigen Brüder für die Kranken.
Beyde Klöster sind aber zu dieser Zeit so arm, daß
die Geistlichen ihr Essen gemeiniglich in der Stadt
suchen müssen.　Die Vorstadt so allein von den
schwarzen Familien, die ihre Freyheit und eigenen
Güter besitzen, bewohnet, und daher Guinea genennet wird, machet die Stadt selbst groß und an-
sehnlich.　Die Aussicht des Seehafens ist vortref-
lich.　Die Natur hat ihn mit einer solchen Menge
der schönsten hohen Bäume, mit einem solchen Ueberflusse der besten Früchte, mit so viel Bergen mit
wohlriechenden Blumen und Kräutern, gebildet,
daß er billig den Namen Portobello, oder der schöne
Seehafen von den Ausländern verdienet hat.
Bey dem Eingang ist ein festes Castel, so Todo
Fierro genannt wird.　Besser hinauf sind noch
2 andere, von welchen das Fort Gloria oberhalb,
und das Fort des heiligen Hieronymus unterhalb
der Stadt liegt.　In der Stadt präsidirt ein spanischer Generallieutenant.　Es wurde ehedessen allda
jährlich ein Jahrmarkt gehalten, welchen man wegen der großen Menge des Silbers und Golds, so
allda zu sehen war, für den reichsten in der Welt
schätzte.　Es liegt bey Portobello ein sehr hoher
Berg, den sie Monte Capiro nennen.　Dieser dienet den Einwohnern statt eines Barometers, der ihnen das Wetter vorhersagt.　Der Berg verhüllet
schier beständig seine Spitze unter einer Wolke, und

wenn

wenn er solche nur eine Minute lang über den Wolfen sehen läst, zeiget er ein schönes Wetter an;
wenn aber die Wolfen bis an die Mitte des Bergs
hinunter sinken, zeiget es an, daß sich in kurzer Zeit
ein Donnerwetter erheben werde. Die Beschaffen-
heit der Luft dieser Gegend ist sehr ungesund. Die
Schwangere leiden gemeiniglich in der Geburt an
ihrem Leben Gefahr, daher sich die reichern bey an-
nahender Niederkunft nach Panama bringen lassen.
Die Sonne ist da das ganze Jahr sehr hitzig, die
Luft allezeit warm und feucht, die umliegenden Berge und Wälder sind so dick verwachsen, daß sie
mehrmalen den Reisenden den Weg versperren;
sie wimmeln von Vögeln, Affen, Waldteufeln,
Tiegerthieren und wilden Schweinen.

Den 3ten Febr. segelten wir von Portobello
mit dem nämlichen Schiffe nach dem Fluße Chagre,
und warfen am folgenden Tage in dem Eingange des
Flußes an dem Fuße des Castels, Anker. Es ist
sehr fest, und stehet auf einem jähen Felsen, der
auf einer Seite mit dem Fluße, auf der andern mit
dem Meere umgeben ist, und auf der dritten Seite
mit dem festen Lande zusammenhänget, wo auch nahe an dem Castel ein großes Dorf gleiches Namens
ist, in dem der Hauptmann des Schloßes wohnet.
Hier fängt die Landenge von Panama an, welche 80
spanische Meilen, oder Stunden lang, und zwischen dem Mar del Nord und dem Mar del Zur,

E 3 Nord-

Nord-und Südamerica aneinander hängt. Der Fluß
Chagre scheidet die Gränzen von beyden. Er ist so
groß, als unser Mayn, hat seinen Ursprung nahe bey
Panama, und fällt bey dem Castel de Chagre
in das Nordmeer. Auf diesem werden die
Kaufmannswaaren von einem Meere ins andere in
großen Nachen gebracht, welche sie Chatas nennen,
die nur aus einem einzigen dicken ausgehöhlten
Baume gemacht sind. Den 5ten Febr. setzten wir
unsere Reise auf einem solchen großen Nachen den
Fluß hinauf fort, der oben gleich einem Dache mit
indianischen Rohren, um uns so wohl wider die Sonnenhitze, als Platzregen zu schützen, bedeckt war,
und von 12 ganz nackenden Schwarzen, die nur ein
weisses Tüchlein über die Scham gegürtet hatten,
gerudert wurde, nebst einem andern, der das Steuerruder führte. Auf beyden Seiten des Flusses sind
viele Crocodille, welche die Indianer Caymanes
nennen, daher auch dieser Fluß Rio de Lagartos
heißt. Sie gehen aus dem Flusse bey Sonnenschein
auf das Ufer und scharren ihre Eyer in den
Sand ein, damit die Sonne solche ausbrüte. Sie
sind etwas länger, als 3 Ellen, und fast so dicke,
als ein Ochs. Es ist die größte Lebensgefahr dabey,
über einen solchen Fluß, wo Crocodille sind, von
einer Seite auf die andere zu schwimmen, oder zu
waden, und doch thun solches die wilde Indianer,
die aus aller Lebensgefahr nichts machen; fähret
man

man aber auf solchen Flüssen, so muß man ja keine
Hand oder Arm von dem Nachen in das Waſſer
ſtrecken; denn es iſt allezeit zu fürchten, daß ein ſolches Thier ſich unter dem Waſſer in der Nähe befinde,
nach dem Arme oder Hand ſchnappe, und ſolchen in
einem Augenblicke auf einem Biß abreiſe. Die Indianer fangen die Crocodillen auf dieſe Art. Sie
machen ſich einen oben und unten zugeſpitzten Pfahl
faſt einer Ellen lang von ſtarkem Holze. Beyde
Spitzen überziehen ſie mit Eiſen, und binden in der
Mitte einen ſtarken langen Strick an, deſſen Ende
ſie an einen Baum-Stamm am Ufer wohl befeſtigen.
Den Pfahl nehmen ſie in der Mitte in die Hand,
und knien ſich mit einem Fuße nahe an den Fluß,
wenn nun der Crocodill unter dem Waſſer den Men-
ſchen erblicket, kommt es geſchwind auf ihn los, mit
aufgeſpertem Nachen. Der Indianer ſteckt ihm alsdann den Pfahl hinein, und da er die Hand oder den
Arm abbeiſſen will, ſpiſſet er ſich oben und unten in
den ſpitzigen Pfahl, der Indianer aber zieht geſchwind
ſeinen Arm heraus, und läuft eilends nach den Baum
zurück, wo der Strick angebunden iſt; der Crocodill
hingegen, der ſich in dem Nachen verwundet und
geſpliſſet vermerket, gehet in den Fluß, und
verſenket ſich auf den Grund, biß er allda er-
ſtickt, worauf ihn das Waſſer in die Höhe hebt;
alsdann zieht ihn der Indianer an das Ufer, wo er
ihm mit einem Beile den Kopf abhauet, welchen

er

er in die Erde vergräbt, damit er verfaule, um
nachmals alle Zähne herausziehen zu können, die ein
herrliches Mittel gegen Gift sind. Den Leib aber
hauet er in Stücke, der ihm zu Hause zur Speise
dienet. Der Fluß Chagre ist auf beyden Seiten mit
dicken Wäldern umgeben, wo die schönsten Bäume
des kostbarsten Holzes gefunden werden, unter welchen auch viele Marienbalsambäume sind. An vielen Oertern des Flusses sind die Wälder weit ausge-
hauen, wo sowohl die Schwarzen, als auch die Indianer ihre Gärten und Felder mit vielen Platanos
und Papayasbäumen angelegt haben. Sie bauen
auch allda viele Melonen, Sandilien rc. wie auch viel
indianisches Korn, so sie Mays nennen, und nichts
anders als unser türkisches oder welsches Korn ist,
nebst Reiß. Die Ananas, die in Indien piñas heif-
fen, wachsen im Ueberfluße in den Wäldern. Sie
drucken aus denselben mehrmal nur den Saft heraus,
der angenehm und gut zu trinken, aber sehr kühlend
ist, deswegen man etwas Zimmet darauf streu-
et, um den Magen nicht zu verkälten, und in ein
kaltes Fieber zu fallen. Die umliegenden grünen
Berge und Wälder, die von unterschiedlichen schönen
Vögeln und Thieren bewohnet werden, die dick-
büschische Bäume, deren viele ihre grünen Aeste und
Blätter biß in den Fluß herunter lassen, der angenehme Geruch der Blumen und wohlriechenden Kräuter ergözen sowohl die Augen, als den Geruch der

Fah-

Fahrenden über die maſſen. Die wunderſchönen
Farben der Vögel, die Menge der Affen, deren viele
ihre Junge auf dem Rücken von einem Baumaſte
zu dem andern tragen, und die lächerlichſten Stel-
lungen, die ſie auf den Bäumen machen, verkürzen
den Reiſenden die Zeit.

Nachdem wir nun den ganzen Tag unter ſo
vielen angenehmen Schauſpielen der Natur mit aller
Ergötzung zubrachten, langten wir gegen Abend bey
dem Caſtel von Atun an. Dieſe von Natur feſt gemachte Citadelle liegt auf einer Anhöhe, wo auf einer Seite der Fluß Chagre vorbey flieſet, auf der
andern der Fluß Atun, der ſich unten bey
dem Fuß der Anhöhe, auf welcher die Citadelle ſtehet, mit dem Fluße Chagre vereiniget, mithin wird
von dem Caſtell aus, aller Paß beyder Flüße den
Feinden verſperret. Es halten allda einige ſpaniſche Soldaten Schildwacht, die ihre Nahrung die
3 Monate hindurch, die ſie allda zubringen, von
den Früchten der Wälder, und von dem Fleiſche der
wilden Thiere und Vögel, die ſie fangen oder ſchie-
ſen, nehmen müſſen. Wir blieben in der Citadelle
über Nacht, und ſchliefen alle in der Wachtſtube.
Folgenden Tag bey anbrechender Morgenröthe, ſetzten wir unſere Reiſe weiter den Fluß hinauf fort,
und langten gegen Abend bey einem indianiſchen Dorfe an, wo alles voller Schnaken war, welche uns
die ganze Nacht wegen ihres überläſtigen Sumſens

E 5　　　　　und

und Stechens, fast keinen Augenblick schlafen liesen. Wir hielten zwey Tage nach einander unser
Nachtquartier unter dem freyen Himmel, wo wir
einmal von einem Platzregen durchaus naß wurden.
Als wir zu Mittagszeit auf dem Ufer das Mittagmahl einnahmen, beschäftigten sich unsere schwarzen
Schiffleute in den Löchern des Ufers Iguanas *)
zu fangen. Diese Amphibien sind mit dem Schwanze etwas länger, als eine Elle, (Vara) und haben, wie eine Eidechse, 4 kleine Füße. Ihr Leib
aber ist so dick und rund, wie ein Arm. Ihr Fleisch
ist überaus gut zu essen, und hat den Geschmack,
wie junge Hüner, absonderlich wenn sie an einem
Spiese gebraten werden. Den 1ten Febr als das
Wasser des Flußes sehr seicht wurde, und der Nachen nicht weiter konnte fortgerudert werden, stiegen
wir gegen Sonnen-Untergang an das Ufer, und
giengen eine Viertelstunde zu Fuße bis an das Dorf
Cruzes, wo wir von dem Pfarrer und Dorfhaupt-
manne in einem besondern großen Hause sehr liebreich in allem Ueberfluße mit indianischen Früchten,
Essen und Trinken bewirthet wurden. Den 13ten
bestiegen wir um 8 Uhr früh unsere Maulthiere,
um unsern Weg nach Panama, so noch 8 Stunden
entfernet war, zu Lande zu machen. Das Mittagmahl hielten wir 2 Stunden von der Stadt in einem
Meyerhofe. Gegen Abend holten uns viele Herren

der

─────────────

*) Ulloa, III B. IV Cap. S. 95. M.

der Stadt mit Kutschen ab, und brachten uns in
das Jesuiter-Collegium, wo in der Kirche das Te
Deum laudamus · mit einer herrlichen Musik abge-
sungen wurde, welchem viel Volk der Stadt bey-
wohnte. Die Stadt Panama liegt auf der Erden-
ge dieses Namens im achten Grad, 57 Minuten,
und 48½ Secunde Nordbreite, mithin von dem Aequator 8 Grad entfernt. Sie hat einen Präsiden-
ten mit 6 Richtern, welche den Kaufleuten das
Recht sprechen, wie auch einen Bischof. Sie ist
zwar nicht gar groß, doch sehr wohl am Fuße eines hohen Berges erbauet. Die Mauern und
Bollwerke sind noch regelmäßig, und haben zu ihrer
Beschützung viel großes Geschütze. Die Gassen
sind breit, und gerade geführet, die Häuser sind
geräumig, und 2 Stockwerke hoch von Holz aufgebauet. Die Vorstadt, welche sehr bevölkert ist,
macht die Stadt noch einmal so groß. Den Hafen,
der in der Südsee oder in dem friedsamen Meere
liegt, umgeben etliche kleine Inseln, so die Perlen-
inseln genennet werden. Die Einwohner sind mehrentheils reiche Kaufleute; die Luft aber ist sehr
dick und ungesund, doch ist sie nicht so feucht, wie
in Cartagena, und mindert in etwas die Sonnenstrahlen, wegen der Anhöhe, auf welcher die Stadt
gebauet ist, absonderlich wenn der Wind von der
Meerseite herbläset. Felder und Gärten sind sehr
fruchtbar, und genießen einen beständigen Sommer.

In

In Panama, wurden wir wegen Man-
gel der Schiffe anderthalb Monate aufgehalten, bis
wir endlich den 16ten März über das friedsame
Meer, oder Mar del Zur, unsere Reise nach dem Königreiche Peru fortsetzten.

Den 1ten April traten wir in den Aequator ein.
Den 3ten entdeckten wir die Berge von Quito, und
da wir kaum solche erreichten, überfiel uns eine Meerstille, die drey Tage fortdauerte. Die Landschaft
von Quito ist eine Provinz von Peru, und gränzet
an Popayan, es haben allda die Spanier viele Colo-
nien, die an allen sowohl europäischen, als indianischen Früchten einen Uiberfluß haben. Es wird auch
hier das meiste Gold im ganzen Königreiche Peru
gefunden. Ihre Hauptstadt gleiches Namens ist
groß, schön, und nach neuer Art gebauet. Ob sie
schon gerade unter der Linie liegt, so hat sie doch
eine über die massen temperirte Luft, die den Einwohnern sowohl einen beständigen Frühling, als angenehmen Sommer macht. Sie hat einen Bischof,
und eine Universität. Ihre Tuchmanufactur ist
die berühmteste in ganz America, und könnten allda
die Tücher noch feiner, als in Spanien gemacht
werden; allein damit die Handelschaft mit Spanien
nicht Schaden leide, dörfen sie aus Befehl des Königes kein anderes, als schlechtes Tuch, so den gemeinen Leuten dienlich ist, allhier verfertigen.

Den

Den 7ten April segelten wir mit günstigem Win-
be gegen die Silberinsel fort, die klein, kahl, und
unbewohnt ist.   Zu Nachts verspürten wir auf dem
Meere eine Erderschütterung.   Denn auf einmal fieng
das Wasser an sich zu erheben, und das ganze Schiff
wurde erschüttert.   Dieses dauerte nur eine halbe
Minute.

Den 9ten bis zum 12ten mußten wir wegen
Mangel des Windes stille stehen.   Um uns unterdessen die Zeit zu vertreiben, befahl der Schiffkapitain einen großen Hayen, (Tiburon) der sich diese
Tage her allezeit bey unserem Schiffe aufhielt, zu
fangen.   Die Schiffleute machten sogleich eine grosse Schlinge von einem starken und langen Stricke,
welche sie in das Meer senkten.   Durch diese ließen
sie einen andern langen Strick gehen, an dessen Ende ein großes Stück Fleisch angebunden war.   Da
nun der Tiburon das Fleisch, so oben auf dem Wasser schwam, erblickte, kam er eilends herbey, es zu
erhaschen; allein ein Bootsknecht zog allezeit nach
und nach den Strick mit dem Fleische zurück, und
lockte ihn so lange, bis er ihn mit dem Kopfe und
Floßen in der Schlinge hatte, die alsobald von den
andern auf dem Schiffe zugezogen ward, wodurch der
Tiburon gefangen blieb.   Weil der Fisch noch grösser, länger und dicker, als eine wohl gemästete
Kuh, und sich erschrecklich wehrte, mußten alle
Schiffleute die Hand anlegen, um ihn auf das Schiff
zu

zu bringen. Der Schiffkapitain befahl an dem Orte alles auf die Seite zu räumen, wohin er sollte gezogen werden. Da nun der ungeheure Fisch in dem Schiffe zwischen den zween Mastbäumen mit den Stricken niedergelassen wurde, schlug er mit seinem Schwanze mit solcher Heftigkeit an einen Flaschenkeller, der aus Versehen unter der Bank stehen geblieben, und von starkem Eichenholze gemacht, auch mit doppelten eisernen Reifen um und um wohl beschlagen gewesen, daß derselbe mit allen Flaschen, in welchen Rosoli war, in mehr als 60 Stücke zerschmettert wurde. Nachdem nun die Schiffleute mit einer andern Schlinge auch den Schwanz gefangen hatten, banden sie ihn fest bey dem Mastbaume an, und da sich also der Tiburon nicht mehr wehren konnte, hieben sie ihm mit einem Beile den Kopf entzwey, und öfneten den Bauch, in welchem sie 12 lebendige Junge, deren ein jedes mehr als 15 bis 16 Pfund schwer war, fanden. Diese junge Tiburonen, so die Spanier Cazonzillos nennen, und sehr gut zu essen sind, wurden von unserm Koche alsobald geöfnet, und uns zum Essen zubereitet. Der große Tiburon aber wurde in das Meer geworfen *).

Den

---

*) Ulloa, der sie Taburonen nennet, da sie doch allemal Tiburones im Spanischen heißen, erzählet (II Abth. III B. VI Cap. S. 606) eine höchst sonderbare Sache

Den 13ten April warfen wir bey dem Vorgebirge der heiligen Helena den Anker, und schickten
unsern kleinen Nachen mit etlichen Bootsknechten
an das Land, uns Lebensmittel einzukaufen. Von
dem Ufer her näherten sich unserem Schiffe 3 Indianer auf drey grossen Bäumen, die wie ein Floß
zusammen gebunden waren. Diese Gelegenheit auf
das Land zu steigen, ergriefen zween der Unsrigen,
um den Obern der Jesuiten, mit welchem sie in
Deutschlande wohl bekannt waren, in der Stadt
Guayaquil heimzusuchen, die nicht weit entfernet
war. Sie langten auch glücklich noch selbigen Tag
allda an, und hielten sich etliche Tage bey ihrem
Landsmanne auf, der ihnen alle Ehre und Liebe
erwieß. Nach abgestattetem Besuche bestiegen sie ein
anderes Schiff, uns in Payta einzuholen; allein
der widrige Wind, und viele Meersstille, gaben ihnen Anlaß, das zweytemal das Land zu besteigen,
und ihre Reise zu Fuß nach dem Flecken Colan zu
machen. Die Bootsknechte, welche sie von dem
Schiffe in dem kleinen Nachen an das Ufer gesetzt
hat-

che von einem dieser Hayen. Da man ihm den Bauch
aufgeschnitten und Herz und Lunge herausgenommen
hatte: so fuhr er wiederum in das Wasser. Es war
gleich damals eine Windstille; und man konnte daher
über eine Viertelstunde lang sehen, wie er immer in
der Gegend des Schiffes herumschwamm, bis man ihn
aus dem Gesichte verlor. M.

hatten, zeigten ihnen zwar den geraden Weg, allein nach etlichen Stunden verfehlten sie denselben, so, daß sie drey Tage in der Einöde ohne Speise und Trank herumirrten, und unter dem freyen Himmel ihre Nachtruhe auf dem Sande nehmen mußten. Am folgenden Tage, als dem vierten ihrer mühse- ligen Reise, wurde einer von ihnen so schwach und matt, daß er keinen Schritt mehr in dem Sande fortsetzen konnte, und sich hinter einem Sandhügel niederlegte. Er band an einen Stecken ein weises Schnupftuch an, damit der andere, der Lebensmit- tel suchte, ihn wiederum antreffen möchte. Auf solche Weise verließ ihn sein Gefährte, der voll Angst und Betrübniß etliche Stunden in der Einöde herum lief, bis er endlich von ferne 3 Indianer zu Pferde erblickte. Diesen rief er aus vollem Hal- se, sie möchten sich doch um Gottes willen zu ihm nähern, und da diese vermerkten, daß er sich verirret haben müsse, ritten sie so gleich auf ihn zu. So bald sie sahen, daß er ein Priester sey, stiegen sie eilends von den Pferden ab, und kaum hörten sie, daß er mit seinem Reisegefährten den Weg nach Colan verfehlt habe, und schon drey Tage in dieser Einöde ohne Speise und Trank herum wandere, so fiengen sie schon an zu weinen, und labe- ten ihn mit Früchten. Zween von ihnen suchten al- sobald den Hinterlassenen, den sie auch vermöge des ausgesteckten Zeichens, in der Einöde fanden. Sie

setzten

ſetzten ihn zu Pferde, und brachten ihn zu ſeinem Freunde, wo ſie ihn gleicher maſſen mit Früchten erquickten.
Nach dieſem giengen ſie zu Fuß, die zween Prieſter
aber mußten ihre Pferde beſteigen, auf welchen ſie
von ihnen mit aller Liebe nach Colan geführet wurden, wo ſie ihnen Speiſe und Trank umſonſt vor-
ſetzten, und ſie am folgenden Tage bis Payta begleiteten, von da ſie der Gouverneur nach Piura
zu uns abfahren ließ.

Ich kehre zu unſerer Schiffreiſe zurück. Den
16ten April hoben wir den Anker, und brachten wegen widriger Winde, vom 17ten bis zu dem 2=ſten
zu, mit großer Mühe das Vorgebirge der heiligen
Helena zu umfahren. Den -3ten April, wurden
wir glücklich fortgetrieben, und langten an dem
berühmten Fluße Guayaquil an, an deſſen Ufer auch
die Stadt gleiches Namens liegt. Sie iſt nicht ſehr
groß, doch ernähren ſich die Einwohner durch den
Handel mit Cacao, Leder, Unſchlitt, Saſſaparille,
und wollenen Tüchern, welche Waaren theuer von
den Ausländern allda eingekauft, und verführet werden. Bey dem Fluße werden die ſchönſten Bäume
gefällt, deren viele jährlich zu dem Schiff- und Häu-
ſerbaue auf den Peruaniſchen Küſten gebraucht werden. Die Kriegs- und Kauffarteyſchiffe, die in
dem Mar del Zur dienen, werden allhier verfertiget.
Dieſer Meerbuſen von Guayaquil erſtreckt ſich von
dem Cabo de Santa Helena bis an das Cabo blan-

F

co;

co, welches wir am 30 April gänzlich umfahren
haben. Ob wir uns faſt noch unter der Linie befanden, und zu Mittagszeit die Sonnenſtralen gerade
über dem Kopfe hatten, verſpürten wir doch eine
ſolche Kälte, daß wir uns dieſe Tage über mit unſern Winterkleidern bedecken mußten. Vom 1 bis
zu dem 4 May hatten wir beſtändig widrige Winde,
bis wir endlich mit groſſer Mühe und Arbeit den er-
wünſchten Seehafen von Payta erreichten, wo wir
nach geworfenen Ankern an das Land ſtiegen, um
unſere Reiſe zu Lande bis nach Lima zu machen. Wir
alle logirten in der Wohnung des Gouverneurs, wo
wir 3 Tage lang ſehr prächtig und liebreich gaſtiret
wurden. Die Stadt iſt von den Spaniern erbauet,
und beſtehet nur in 80 Häuſern, deren die meiſten
ſehr ſchlecht ſind. Sie hat außer der Pfarrkirche
noch etliche andere Kapellen, nebſt einem Kloſter der
Väter der Erlöſung der Gefangenen. Ihre Bay iſt
groß und wird von einer kleinen Schanze bedecket.
Allda werden alle Waaren, die nach Guatemala und
Mexico gehen, ans Land gebracht.

Den 7ten May gegen 4 Uhr ſetzten wir unſere
Reiſe auf Maulthieren fort, um folgenden Tag in
Piura einzutreffen, welcher Ort 18 Stunden von
Payta entlegen iſt. Dieſe Stadt liegt in einer
ſchönen Ebene auf ſandigem Erdboden, wo nichts
kann angebauet werden. Es wird aber den Einwohnern von den umliegenden Dorfſchaften an Früchten

ten und andern Nothwendigkeiten zum Essen täglich,
in allem Ueberfluße Vorsehung gethan. Sie ist
nicht sehr groß, hat aber schöne breite, gerade und
lange Gassen. Die Häuser sind inwendig sehr reich
ausgezieret. Von den Einwohnern sind die meisten
reiche Kaufleute. Das Frauenzimmer ist, wie in andern Orten in ganz Peru, von einer ausnehmenden
Schönheit. Die Stadt hat nur eine Pfarrkirche;
aber der Herr Pfarrer hat jährlich 9 bis 10 tausend
spanische Thaler Einkommens. Die Pfarreyen,
welche jährlich 2 bis 3 tausend Thaler eintragen,
werden hier zu Lande für gering angesehen; ob schon
ein jeder spanischer Thaler so viel ausmacht, als
ein Conventionsthaler. Die Patres von der Erlö-
sung der Gefangenen, besitzen nahe ausser der Stadt
ein Kloster, aber sowohl die Kirche, als das Kloster haben ein schlechtes Ansehen; hingegen Kloster
und Kirche der Bethlehemiter, die alle Layen sind,
und die Obsorge über das Spital der Kranken haben,
sind sehr niedlich eingerichtet. Der Markt, wo die
Indianerinnen täglich ihre Früchte und Waaren verkaufen, befindet sich in der Mitte der Stadt. Allhier
stehet auch das königliche Richthaus, in welchem
der Gouverneur wohnet; der königliche Schatzmeister,
in dessen Behausung wir logirten, wohnet besonders. Wir ruheten von unserer Reise aus, und
wurden prächtig bewirthet. Es waren allezeit 30
bis 40 Personen bey der Tafel, und täglich kam

F 2 vieles

vieles Volk der Stadt vor den Saal, wo wir
aſen, um die europäiſchen Geiſtlichen zu ſehen. Ich
gieng öfters in ein kleines Wäldchen von Baumwol-
lenbäumen, welches nicht weit von der Stadt an
dem Fluße lag, ſpazieren. Dieſe Bäume ſind gleich
unſern Zellernußſtauden, die viele Nüße tragen,
welche hier zu Lande ſo groß, als die Hünereyer
wachſen. Wenn ſie zeitig ſind, eröfnen ſie ſich in
zwey oder mehrere Theile, und bieten die Baumwolle, ſo in der Mitte iſt, dem Erſtkommenden dar.
Die meiſten Nüße haben die Wolle ſchneeweiß, einige aber bringen eine braune Wolle hervor, aus
welcher die peruaniſchen Weibsleute die ſchönſten
Hals- und Schnupftücher verfertigen.

Den 25ſten May beſtiegen wir abermal unſere
Maulthiere, und ſetzten unſere Reiſe nach Sechura
fort. Dieſer Ort iſt eine groſſe Dorfſchaft indianiſcher Familien, die ihre beſondere Sprache *) reden, welche nirgends im ganzen Königreiche Peru
geſprochen wird. Sie reden aber auch alle zugleich
Spaniſch, ſo, daß der Pfarrer nicht bemüſſi-
get iſt, auch ihre beſondere Sprache, die ſehr ſchwer
auszuſprechen, zu erlernen. Sie haben mit eigenen
Händen in ihrem Dorfe, eine groſſe und ſchöne Kirche von Backſteinen erbauet, die auch in einer Stadt
eine Zierde ſeyn könnte, weil ſie nebſt dem mittlern

ſchön

*) Ulloa, S. 363. III.

schön gewölbten Gange noch zween andere gewölbte
Nebengänge hat, die mit den schönsten Säulen unterstützet sind. So wohl bey dem verdeckten Eingange, als auf beyden Seiten, hat sie drey große
wohl gemachte Thüren, die mit prächtigen Porta-
len prangen. In der Mitte ist eine Cuppola, und
bey dem Haupteingange zween schöne hohe Thürme,
die von europäischen Bauleuten nicht besser könnten verfertiget werden. Der höfliche Herr Pfarrer schickte uns gleich nach unserer Ankunft in unser
Quartier viel weißes Brod, 12 Hüner, 2 Lämmer
nebst vielen Eyern und Früchten, für welches Geschenk
wir ihm persönlich Dank abstatteten, und alles auf
seine Gesundheit verzehrten.

Den 25sten May traten wir gegen 6 Uhr Abends
die Reise über die Einöde von Sechura an. Sie ist
auf den Küsten von Peru die berühmteste, größte,
und für Reisende die beschwerlichste und gefährlich-
ste, und hat in der Länge 40, in dem Umkreise aber mehr als 100 Stunden. Alles ist
Sand, und der Wind, so allezeit hier sehr stark
bläset, formiret um und um nichts anders als Berge und Thäler von Sandbänken, in welchen man,
wenn man sich verirret, wie in Deutschlande in Wind-
wehen von Schnee, mit samt dem Maulthiere kann
begraben werden, ohne Hülfe oder Rettung finden
zu können. Man siehet in dieser so weitschichtigen
Gegend weder Gras noch Bäume, sondern hie und

dort

dort einige kleine Dornbüsche, deren dürre Aeste
den Reisenden zum Kochfeuer dienen müssen. Flüsse, Bächlein, und Wasserquellen, sind nirgends
zu finden. Reisende müssen sich zuvor mit Wasser,
Eßwaaren und Futter, sowohl für die Maulthiere,
als für sich, auf besondern Eseln, die man um seine Bezahlung von den nächst liegenden Dorfschaften mit sich führet, versehen. Weder Vögel noch
andere Thiere sind in dieser ganzen Gegend anzutreffen, als allein an jenen Oertern, wo man zuweilen nahe an das Meerufer kommt, da man etliche Meervögel, die sich von Fischen nähren, erblicket. Der beständige starke Wind verwehet fast
stündlich alle gebahnte Wege, so, daß man nicht
weis, wohin man ziehen müsse, daher die Indianer, welche die Reisende begleiten, und die Wege
als Erfahrne fast auswendig wissen, und unter die
Reisenden hie und dort ausgetheilet sind, beständig,
absonderlich zur Nachtszeit rufen und schreyen, ob
sie alle beysammen, und keiner von der Gesellschaft
fehle? Sowohl der Wind, der den Sand in das
Gesicht und in die Augen wehet, als die hitzige Sonnenstralen, die gerade über dem Kopfe scheinen,
machen die Reise höchst beschwerlich und überlästig.
Die Nachtruhe nimmt man einige Stunden lang bekleidet, auf dem sanften Sande, und mehrmalen
wünschte ich und andere, es möchte uns doch noch
etliche Stunden die Ruhe auf unsern Sandbetten
geſtat-

tet werden; allein umſonſt. Man mußte ſchon um
Mitternacht die Reiſe fortſetzen. Dieſen ſo
beſchwerlichen Marſch haben wir innerhalb zwo
Nächten und einem ganzen Tage, ohne 6 oder 7
Stunden ausgeruhet zu haben, gemacht, bis wir
endlich am dritten Tage bey anbrechender Morgenröthe wiederum Wälder und Thäler, die mit Graſe
und Früchten prangten, erblickten. Gegen 7 Uhr
früh kamen uns mehrere Indianer von dem Orte,
wo wir hin wollten, zu Pferde entgegen, die von
dem Herrn Pfarrer des Orts, der ſchon von unſerer
Ankunft Nachricht hatte, abgeſchickt waren, uns zu
begleiten. Gegen 8 Uhr langten wir in den Flecken
Morrope an, wo uns ein Jeſuiterbruder, der über
einen 12 Stunden weit entlegenen Meyerhof die Auf-
ſicht hatte, aus Befehl des Provinzials ſehr ſtatt-
lich bewirthete. Es wurde bey Tiſche von einem
Indianer die Harfe geſchlagen, welches Inſtrument
hier zu Lande ſo angenehm geſpielet wird, daß,
ich mich nicht erinnere, dergleichen in Deutſchlande
gehöret zu haben. Noch ſelbigen Tag gegen 5 Uhr
Abends, ſetzten wir unſere Reiſe fort nach Lam-
bayeque, welcher Marktflecken nur 2 Stunden von
Morrope liegt, und ſowohl von Spaniern als Indianern bewohnet wird. Hier ſind wir 2 Tage von
dem Herrn Pfarrer ſehr prächtig, gleich wie in der
Stadt Piura, mit aller Liebe und Höflichkeit bewirthet worden. Nicht weit von dieſem Flecken

liegen

liegen sehr hohe Berge, die das Tyroler Gebirge weit übertreffen. In diesen Gegenden halten sich viele wilde Schweine auf, die oben am Rücken eine nabelförmige offene Drüse *) haben. Ihr Fleisch ist über die massen gut zu essen.

Nach verflossenen zwey Tagen reiseten wir von hier nach dem Flecken Monsefu, wo wir zum andern male von dem nämlichen Jesuiterbruder in dem Hause des Pfarrers gastiret wurden. Am folgenden Tage

*) Viele Reisende haben dieses Loch oben im Kreuze, aus welchem ein stinkendes eiterichtes Wasser läuft, irrig für einen Nabel angesehen. Es ist Sus Tajàcu Linn. Sus ecaudatus, folliculum ichorosum in dorso gerens. Briss. quad. 77. Das Bisamschwein, oder besser, das Eiterschwein. Es ist America allein eigen, und die einzige Schweinsgattung. Die Indianer nennen es Paquiras, daher der Name Pecary entstanden, die ihm englische Seefahrer gaben. Mexicanisch heißt es Quauhtla coymatl. Es ist ein Todfeind des Jaguars, oder americanischen Leopards, und die größten Hunde fürchten sich, es anzufallen. Wenn es verwundet ist, so stürmet es wüthend auf den Jäger los. Es lebt von Früchten und Wurzeln, Kröten, Schlangen von allen Gattungen, die es mit den Vorderfüßen hält, und geschickt den Balg abzieht. Wenn das Fleisch eßbar seyn soll, so muß sogleich die stinkende Rückendrüse herausgeschnitten werden, so bald das Thier erlegt ist. Pennant's Syn. of Quadr. P. 72. M.

Tage traten wir in die zweyte Peruanische Einöde,
ein, die zwar auch voll Sandberge ist, aber nicht
mehr als 14 Stunden in der Länge, in dem Um=
kreiße hingegen kaum 40 hat. So wohl hier als an
andern Orten sahen wir auf den Anhöhen viele alte
indianische Grabstätten, wo alles voller Todtenbei=
ne und Hirnschädel lag. Wir erblickten auch mehr=
malen auf den Bergen hohe Mauern, die sich öfters
in die Länge auf 5 bis 6 Stunden erstreckten, hin=
ter welchen die Indianer sich wider ihre Feinde be=
schützten. Man weis die starken Kriege, die sie
ehedessen geführet haben, aus den Wegen und Hei=
den, die hier und dort mit vielen Todtenköpfen und
Knochen zuweilen eine halbe Stunde weit besäet
waren. Nach vollbrachter Nacht unter dem freyen
Himmel auf dem Sande, langten wir am folgen=
den Tage in der Dorfschaft des heiligen Peters an,
über dessen indianische Einwohner, die Herren Au=
gustiner in geistlichen Verrichtungen die Obsorge
tragen, in deren Wohnung wir die Nachtruhe nah=
men. Von dannen machten wir uns frühzeitig auf,
und kamen in ein anderes indianisches Dorf Pan=
jan genannt. Hier trafen wir ein altes indianisches
Schloß an, an welchem wir mit Verwunderung
sahen, daß auch die alten Einwohner dieses Kö=
nigreichs gute Festungen zu bauen wußten. Den
andern Tag kamen wir in Chiklin an. Dieser Ort
ist ein Meyerhof oder Rittergut eines reichen india=

nischen

niſchen Grafen von ſpaniſchem Geblüte, der uns
in Geſellſchaft des Herrn Pater Rectors von Tru-
xillo eine Viertelſtunde vor dem Orte mit gröſter
Höflichkeit empfieng und zween Tage in ſeiner Wohnung gräflich gaſtirte. So wohl hier, als an andern
Orten, die wir durchreiſeten, iſt alles voll wilder
Tauben, deren viererley Gattungen ſind. Einige
ſind ſo groß, wie unſere Ringeltauben, und werden
Torcaſſas genannt; die andern ſind völlig an Farbe
und Gröſſe unſern wilden Tauben gleich, welche die
Indianer Gagulies nennen; die dritte Art hat auf
den Flügeln drey überaus ſchön vergoldete Federn;
die letztern ſind nicht gröſſer, als unſere Lerchen,
und haben ſowohl auf dem Rücken, als auf den
Flügeln und Schwanze, den ſie beſtändig, wie unſere Bachſtelzen, bewegen, viele ſchwarze oder graue
Tupfen. Die Heiden ſind voll Geyer von unter-
ſchiedlichen Arten, deren einige ich nicht weit von
mir ſitzen geſehen habe, die ſo groß, als ein wäl-
ſcher Hahn waren. Die Menge der ſchönſten Vögel, deren doch kein einziger unſern europäiſchen
gleichet, halte ich für unnöthig, zu beſchreiben;
nur von dreyen ſehr kleinen will ich eine kurze Meldung thun, die mir in dieſen Gegenden über die
maſſen gefallen haben. Der eine, ſo von den Spaniern Putilla genennet wird, iſt ſo groß, als ein
Fink. Dieſer ſinget nicht. Die Federn des ganzen
Leibes ſind hoch carmeſinroth. Die Flügel und
das

das Schwänzlein nebst einem Flecken auf dem Köpf-
chen sind kohlschwarz. Der andere Vogel heißt Gil-
gero, und ist nicht grösser als ein Zeißlein. Er ist
ganz schwarz, das Schwänzgen, und die zwey Flü-
gelein sind geib. Sein Gesang ist überaus angenehm
zu hören, und viel feiner, als der Gesang der Canarienvögel. Sie können in den Zimmern in keinem
Käfige aufbehalten werden, weil sie alsdann nicht
singen, sondern in kurzer Zeit vor Melancholie ster-
ben. Das dritte Vögelchen Quindo, in spanischer
Sprache Picaflor oder Blumenhacker, ist das schönste. Es ist nicht so groß als ein Zaunschlieferlein.
Seine grünen Federn haben hellblaue Tüpfelchen,
mit Goldfarbe vermischet. Sein Schnäbelchen ist
sehr zart, länglicht und dünn, mit welchem es von
den Blumen, da es von einer zu der andern flieget,
den Saft flatternd, und mit den Flügeln beständig
wehend, aussauget, der ihm allein zu seiner Nahrung dienet. Das Nestlein, so es bauet, seine Jungen auszubrüten, ist ganz klein, und vom feinsten
Grase gemacht. Die Eyerlein sind kaum so groß,
als eine kleine Erbse.

Den 7ten Junius giengen wir Abends um 6
Uhr in die Stadt Trurillo ein, wo wir 7 Tage von
unserer Reise in dem Jesuiterhause ausruheten, welches zwar nicht groß, aber schön, und mit einem
großen Garten von vielen Früchten und Blumen erbauet ist. Diese Stadt ist von mittelmäßiger Größe,

llegt

liegt in dem 8 Grad, 6 Minuten, 3 Secunden der
Südbreite in der Provinz Honduras in Südamerica,
in dem berühmten Thale Chimo, in einer sehr angenehmen und fruchtbaren Gegend, und hat den besten Seehafen in Honduras, der an einer eine Stunde von der Stadt entlegenen indianischen Dorfschaft
sich befindet, und stark von den Kaufleuten besuchet
wird.   Sie hat einen Bischof, der unter dem Erzbischofe von Lima stehet, welcher Stadt sie so wohl
in Ansehung der Gassen und Gebäude, als in der
Lebensart gänzlich gleichet, deswegen sie auch das
kleine Lima genennet wird.   Hier aß ich die 7 Tage
meines Aufenthalts die besten indianischen Früchte.   Denn nichts von den Melonen, Sandillien,
und andern Früchten, die sowohl in Spanien,
als in Deutschlande gefunden werden, zu wie-
derholen, von welchen ich schon bey Cartagena
und Chagre geschrieben habe, will ich hier
die besondern Früchte anführen, welche in diesem peruanischen Königreiche allein, und nicht
anderswo hervorgebracht werden.   Die erste Frucht
ist die Chirimoya, welche billig die Königin aller
Früchte des Erdkreises zu nennen ist.   Ihre Grösse
ist unterschiedlich: einige sind so groß, als ein kleiner Apfel, andere noch grösser, die größte aber wie
ein Kindskopf.   Die äußere Schälfe bleibt allezeit
grün, wenn auch die Frucht schon zeitig ist, und hat
aussenherum etliche Höckerchen, die weich und glatt
sind.

ſind. Sie wåchſet unten bey dem Stiele gleich einem Apfel rund, von dannen ſie ſich oval hinauf
ſpitzet. Wenn man ſie eſſen will, wird ſie mit einem Meſſer in der Mitte gleich einem großen Apfel
oder Birne getheilet; und iſt ſie von den gröſſern,
ſo machet man ſo viele Theile, als man will. Inwendig gleichet ſie einer ſchneeweiſen friſchen Butter mit einigen ſchwarzen Kernen vermiſcht, wie
unſere ſchwarze Bohnen, welche wieder an jenen
Orten geſteckt werden, wo man mehrere Bäume
fortpflanzen will. Sie iſt ſehr kühlend, daher
man ſolche früh Morgens und Abends vor dem
Chocolatetrinken nimmt, der ihren kühlenden Saft
in etwas mäßiget. Der Geſchmack iſt über die
maſſen angenehm, als wenn er von dem beſten
Gewürze und Spezereyen herkäme. Die Blüthe iſt
weiß, etwas mit rother Farbe vermiſcht, und
hat noch einen ſtärkern und angenehmern Geruch,
als die Citronen- und Pomeranzenblüthe. Die
Wäſcherinnen legen in die Hemden einige von dieſer Blüthe, deren angenehmer Geruch die ganze
Woche hindurch verſpüret wird. Der Baum iſt
dickbüſchig, und wåchſet nicht höher, als unſere große Zwetſchenbäume, machet aber mehr
Schatten, als dieſe.

Die

Die andere Frucht ist die Palta, spanisch agua-
cate, deren Stamm sehr hoch wächset, und unsern
hohen und großen Birnbäumen änlich ist. Die
Frucht hat die Gestalt einer mittelmäßigen Birne, ist
aber ohne Schälfen, und hat nur eine grüne Rinde,
die einem weichen und grüngefärbten Leder gleichet,
daher sie nicht geschälet wird, sondern mit einem
Federmesser zertheilet werden muß. Das Mark
hat in der Mitte einen großen und starken herzförmi-
gen Kern. Wenn man es essen will, muß es zuvor
mit etwas Salz bestreuet werden, denn sonst wäre
die Frucht widerwärtig zu essen. Sie ist sehr gesund
und nahrhaft, ob sie schon den Europäern anfäng-
lich nicht wohl schmecken will; wenn sie aber ihre
Güte etlichmale gekostet haben, lassen sie alle andere
Früchte stehen, und wollen sich nur an die Palta
halten. Man machet auch hier zu Lande aus diesem
Marke einen Salat mit Salz, Essig, und Baumöle, welches überaus gut, gesund, und angenehm zu
essen ist.

Die dritte Frucht ist die Granadilla, welche
eyförmig ist. Die Rinde ist wie ein gesprekeltes Ey,
die auch oben, wie ein weich gesottenes Ey, eröffnet wird, um das inwendige, so sehr gut zu essen
ist, heraus zu schlurfen. Der Saft ist mit vielen
kleinen Körnern, gleich kleinen Linsen vermischet,
die nebst dem Safte mit den Zähnen zerquetschet
werden. Diese Frucht stärket das Herz über
die

die maffen, fo, daß fie auch den Kranken zu effen
geftattet wird. Sie wáchfet nicht an einem Baume,
fondern an einer Staude, die fich an die andern
Báume, wie der Epheu, herum fchlinget, und bis
auf die Spitze hinauf wáchfet.

Die vierte und letzte Frucht ift die Ananas,
die man in America Piña nennet. Sie ift bey nahe
wie ein Tannzapfe gebildet, doch zugleich mit weichen und faftigen Schuppen begabet. Sie ift fo
groß, als eine Melone, und hat oben einen Strauß
von kleinen Bláttern, der anfánglich, wie Zinober,
feuerroth, nachmals aber bleicher wird. Diefer
Strauß wird von der Frucht abgenommen, und
fortgepflanzet. Die ganze Frucht kommt am Ge-
fchmacke den mit unterfchiedlichem Gewürze und
Specereyen vermifchten Erdbeeren fehr nahe, und
gibt einen höchft angenehmen Geruch von fich. Die
Staude, auf welcher fie wáchfet, hat lange breite
Blátter, die voll Spitzen find. Die Americaner
machen aus diefer Frucht einen Moft, der die Gei-
fter ftárket, und das ganze Gemüth erfreuet, wie
ich folches an mir felbft mehrmalen erfahren habe;
doch muß man fich wohl in obacht nehmen, nicht
zu viel zu trinken, weil diefer Moft fehr kühlend ift,
mithin der Magen leichtlich verkáltet, und ein kaltes
Fieber verurfachet werden kann.

Den

Den 15ten Jun. langten wir, nach zuruckge-
legten zwoen indianiſchen Dorfſchaften Mo. he und
Biru bey dem Fluſſe Santa an. Ueber dieſen ſetzten
wir auf ſehr hohen mit langen Beinen verſehenen
Pferden, die Chimbodores *) genennet, und in dieſen
Gegenden zu dieſem Ende abgerichtet werden. Ein
Indianer ritt vor, um uns den Weg durch den
Strom zu zeigen, welchem wir, und zwar einer nach
dem andern, folgten. Unſere Waaren wurden auf
einem Floſſe, das nicht aus zuſammgehängten Bäumen, ſondern aus vielen großen an ſtarken Stricken
gleich den Roſenkränzen dick aneinander gedruckten
Kürbiſen gemacht war, auf die andere Seite gebracht. Dieſen Kürbisfloß ziehen die Indianer
ſchwimmend mit Stricken an dem Halſe über den
Fluß. Sowohl auf beyden Seiten, als hinten
ſchwimmen auch noch andere Indianer, um den Floß
über den Strom fortzuſchieben, und forttreiben zu
helfen. Auf dieſem müſſen ſowohl Leute, als Waaren über den Fluß geſetzt werden, in denen Monaten, wo er mit vielem Waſſer angeſchwollen, ſich
weit in das Land ergieſet. Gleich auf der ändern
Seite befindet ſich ein indianiſches Dorf gleiches
Namens, wo wir in dem Hauſe des Pfarrers zween
Tage von einem Prieſter unſerer Geſellſchaft, der die
Ob-

---

*) Dieſes Wort kommt vermuthlich vom portugeſiſchen
    Chimbéo her, das ſo viel als Rocim, einen Klepper,
    bedeutet. M.

Obsorge über einen etliche Meilen von dem Orte entlegenen Meyerhof hatte, wohl bewirthet wurden. Die Indianer ergözten uns diese Tage über mit einem lustigen Fischfange an dem Ufer des Meeres, da sie ein langes Netz, welches sie auf kleinen von Rohr gemachten Nachen etliche 40 Schritte in das Meer hinein zogen, bis auf den Grund versenkten, und solches nach und nach wieder an das Ufer mit vielen sowohl kleinen als großen Fischen zogen, von welchen sie die besten für uns aussuchten.

Von da reiseten wir in dem angenehmen Thale von Guaca Tambo fort, wo uns zween andere Jesuiten empfiengen, und versorgten. Nach zurückgelegtem annehmlichen Thale, durchreiseten wir drey große Dorfschaften, Guarmey, Casma, und Culébras genannt, und langten bey dem Flusse Barranca an, über welchen wir nur auf unsern Maulthieren setzten, weil er zur selbigen Zeit nicht stark angeschwollen war. Dieser Fluß ist noch gefährlicher überzusetzen, als der Fluß Santa. Denn er ist voll glatter Steine, auf welchen sowohl die Maulthiere, als Pferde beständig rutschen, und den Reuter leicht in den Strom, der sehr schnell und reisend läuft, stürzen können, ohne mehr gerettet zu werden, indem das Meer gleich dabey ist, in welches er sich mit großem Geräusche ergieset. Bey nahe eine Viertelstunde von dem Fluße liegt eine sehr schöne, große und angenehme indianische Dorf-

G   schaft

schaft gleiches Namens, wo wir von dem Herrn
Pfarrer prächtig bewirthet wurden. Am folgenden
Tage langten wir gegen 9 Uhr früh in einem sehr
schönen Marktflecken, Guaura genannt, an, der mehr
von spanischen, als indianischen Einwohnern bevölkert ist. Eine halbe Viertelstunde von dem Orte
liegt ein großer Meyerhof der Jesuiten, in welchem
uns der Verwalter auf das höflichste und liebreichste
gastirte. Auf diesem Meyerhofe, der sich in dem Umkreise auf mehr, als 3 oder 4 Stunden beläuft,
werden meistens Zuckerrohre gepflanzet. Die Arbeit in dem Hofe und auf den Feldern verrichten die
schwarzen von Africa gebrachten und erkauften
Sklaven beydes Geschlechts, deren mehr als 500
sind, die gleich bey dem Hause in einem neu erbauten Dorfe wohnen, welches mit einer hohen Mauer
umgeben ist, und dessen Thor um 8 Uhr Nachts,
wenn alle beysammen sind, verschlossen wird, damit
keiner bey nächtlicher weile entfliehen möge. Viele
von ihnen sind verheurathet, und bleiben auch ihre
Kinder Sklaven. Die Verheuratheten wohnen in
besondern Häusern, die ledigen aber 3 biß 4 in einem
Hause, doch so, daß die Mannsleute durch Gassen
von den Wohnungen der ledigen Weibspersonen entfernet sind. Ueber beyde sind besondere schon bey
Jahren sich befindende Schwarze beydes Geschlechtes
gesetzt, die über sie die Aufsicht haben, damit keine
Unordnung oder Aergerniß verursacht werde, bis
ledige

ledige Sklaven mit ledigen Sklavinnen, wenn sie
wollen, von ihrer Herrschaft verheurathet we den.
Man begegnet ihnen überaus liebreich, so wohl im
Essen und Trinken, als in der Kleidung, und wenn
einer von ihnen krank wird, wendet man alle Mittel an, ihn zu verpflegen, damit er wieder zu seiner
vorigen Gesundheit gelangen möge, weil der Herrschaft an dem Verluste des Sklavens mehr als
400 spanische Thaler gelegen ist. Um diesen Preiß
muß wiederum ein anderer angeschaffet werden. In
geistlichen Dingen hat ein Priester die Obsorge, der
ihnen alle Sonn und Feyertäge ihren Gottesdienst
und christliche Lehre hält, auch sie mit den heiligen
Geheimnissen das Jahr hindurch versieht. Früh um
5 Uhr müssen sie an den Werktägen aufstehen, und
nachdem sie sich angezogen, versammlen sie sich in
der Kirche des Meyerhofes, ihr Morgengebet zu verrichten, wo ihnen zugleich die heilige Messe gelesen
wird, nach welcher sie zu ihrer Arbeit von dem Verwalter des Hofs ausgetheilet werden. Zu Mittage
kommen sie von der Arbeit nach Hause, wo sie etliche Stunden ausruhen, nachher aber zu derselben
zurück kehren bis um 6 Uhr Abends, da sie in der
Kirche den Rosenkranz beten. Nach diesem bekommen
sie ihr Nachtessen, und begeben sich in ihre Häuser
zur Ruhe. Die Kinder beydes Geschlechts, die auf
dem Felde noch nicht arbeiten können, werden zu
Hause im Nähen, Stricken, Kochen, und andern

der-

dergleichen Arbeiten unterwieſen, bis ſie nach er‐
wachſenen Kräften zu größerer Arbeit fähig ſind.
Die Zuckerrohre, deren viele in den Meyerhöfen des
peruaniſchen Reiches gebauet werden, pflanzet man
von den Nebenzweiglein des Rohres, gleich dem
Kraute und Kohlpflänzlein, auf erhabenen Beeten,
die tiefe Furchen haben, damit ſie zuweilen gewäſ‐
ſert werden können, weil ſie vieles Waſſer zu ihrem
Wachsthume und Vollkommenheit vonnöthen haben.
Sie werden aber Jahrweiſe gepflanzet, damit man
alle Jahre auf den Feldern des Hofes zeitige Zu‐
ckerrohre habe, welche, wenn ſie 3 Jahre gewach‐
ſen ſind, abgehauen, und auf die Zuckermühle ge‐
führet werden, wo der Saft aus ihnen gepreſſet wird.
Das Ausdrücken des Saftes geſchieht alſo: Die
Zuckermühle hat zwo von Erz gegoſſene dicke und run‐
de Walzen, die ſehr nahe aneinander ſtehen, und
etwann 3 Ellen hoch ſind. Dieſe werden, und zwar
eine links, die andere rechts, von einem Mühlrade
getrieben, oder, wenn die Mühle kein Waſſer hat,
von 2 Ochſen oder Pferden im Kreiſe herum gedre‐
het. Indem ſich nun dieſe zwo eherne Walzen um‐
drehen, werden von denen ſich dabey befindenden
Schwarzen die Zuckerrohre zwiſchen dieſelbe nach und
nach hineingezwänget; da nun die eherne Säulen
oder Walzen die Rohre zerknirſchen, und zugleich
die Hülſen auf der andern Seite auswerfen, rinnet
der Saft gleich einem Moſte in ein ſehr großes Ge‐
fäß,

fäß, welches darunter stehet, von dannen er durch
Hülfe eines kleinen Canals oder Rinne in den ersten
und grösseren küpfernen Keßel geleitet, ein wenig
warm gemacht, und ungesotten abgeschaumet wird.
Nach diesem gießt man ihn wieder in einen etwas
kleinern, und dann wieder in noch kleinere küpferne
Keßel, unter welchen ein starkes Feuer, gleich wie
unter die Braukeßel geschüret wird, bis es in selbigen dick gesotten, gesäubert, ganz ausgekocht, und
zur Vollkommenheit gebracht ist.   Hierauf wird er
noch warm in die Zuckerformen hinein gegossen, in
welchen er kalt und zugleich hart wird.   So lange
der Saft in den Keßeln siedet, und strudelt, muß
man ein wachsames Auge haben, daß niemand aus
Bosheit in die Keßel eine saure Pommeranze oder
Citrone ausdrucke; denn wenn nur ein wenig von
diesem sauern Safte in den Zuckersaft fällt, kann er
nimmermehr dick gesotten werden, sondern bleibet
wie ein dünner Most.   Ich muß noch erklären, wie
der Zucker, der von Natur braun ist, durch wiederholtes rafiniren schneeweis werde.   Man macht aus
weichem Hafnerletten oder Thone einen etliche Mes-
serrücken dicken runden Kuchen.   Diesen befestiget
man auf der umgestürzten Zuckerforme, deren Spitz-
ze unten eine kleine Oefnung hat, die auswendig
zugemacht ist, bis der Zucker kalt und hart gewor-
den.   Nachmals wird das Löchlein eröffnet, und die
Spitze der Form auf ein Gefäß gesetzt, in welches

das

das braune Zuckerhonig nach und nach von der Zuk-
kerforme heraustropfet. Damit aber das Honig
wieder triefend gemacht, und von dem Zucker vollkommen abgesondert werde, giesset man auf den
weichen Hafnerletten, der wie ein Pfannkuchen auf
die Forme gelegt, und gepappt ist, reines, frisches Brunnenwasser; dieses schwitzet durch den
weichen Hafnerletten, befeuchtet langsam den in
der Forme schon harten Zucker, und führet
nach und nach von dem Zuckerkerne das weiche braune Honig hinweg, welches durch die Spitze des er-
öfneten Löchleins in das untergesetzte Geschirr trie-
fet. Dieses wiederholet man so oft und so lang,
bis aus der Oeffnung der Forme kein Honig mehr
fliesset. Alsdann nimmt man den aus Letten gemachten Kuchen hinweg, richtet die Forme wiederum auf, und ziehet oben bey der Spitze dieselbe von
dem Zucker ab, so daß der weise Zuckerhut allein
auf dem Tische stehen bleibt: und dieses heisset durch
wiederholtes rafiniren den von Natur braunen Zuk-
ker schneeweis machen. Der Zucker, welcher hart,
und die Farbe der Perlen hat, ist der beste, weil
man mit wenigem sowohl den Chocolate, als auch
Thee, und andere Sachen süß machen kann. Die
Canarier, Holländer, Franzosen, und Engländer
machen ihre Zuckerhüte nur von 3, oder 5 Pfunden, die Peruaner hingegen machen die ihrige von
50 bis 60 Pfunden, wo man mit einem gewiß
ein

ein halbes Jahr haushalten kann. Von diesem Zuk-
ker wird nichts nach Europa gebracht, er wird allein
in America verzehret.

Sowohl in diesen Gegenden, als an andern
Orten des Königreichs Peru, wächset auch viel Reiß,
welchen die Spannier Arroz nennen. Er wächset
nur hier zu Lande an solchen Orten, wo es warm
und sumpfig ist. Der Halm, auf dem er wächst,
ist eine Elle lang. Der beste muß rein, frisch, weiß,
und grob seyn, muß auch keinen schimmlichen Geruch haben. Diese Frucht wird hier von den Einwohnern mehrentheils in der Küche zu ihrer Nahrung gebraucht, ob sie schon ihnen auch zur Arzney
wider den Durchlauf und rothe Ruhr dienet.

Von Guaura reiseten wir nach Guaca, einem angenehmen Meyerhofe unserer Gesellschaft,
wo uns der Obere der Peruanischen Jesuiten mit
aller Liebe und Höflichkeit empfieng. Er ritt uns
mit den Seinigen eine Stunde weit entgegen, um
uns mit allem geistlichen Gepränge in den Meyerhof einzuführen. Eine halbe Viertelstunde davon
war der Weg an beyden Seiten mit vielen von
schönen grünen Blättern und Blumen geflochtenen
Triumphbögen besetzet; auch die Straßen waren damit bestreuet. Die zwischen den Triumphbögen ge-
setzte Bäume machten uns den angenehmsten Schatten gegen die heissen Sonnenstrahlen. Hier stunden

die

die kleinen Sklaven, und zwar die Mägdlein zur
rechten, zur linken die Knaben, in neuer und gleich-
förmiger Kleidung, deren etliche uns mit ſchönen
ſpaniſchen Verſen bewillkommten; dort ſah man in
gleicher Ordnung und Aufputze die erwachſene Sklaven beydes Geſchlechts, die uns mit klingenden In-
ſtrumenten und angenehmen Geſängen Gehör und
Gemüth erfreuten. Gleich bey dem Eingange des
Hofes wurden wir in die Kirche geführet, wo der
ambroſianiſche Lobgeſang zur Dankſagung, wegen
glücklich vollbrachter Reiſe, von den Schwarzen beydes Geſchlechts unter ſchöner Muſik abgeſungen
wurde.

Den 5ten Julius machten wir uns frühzeitig
auf, in der Kühle zu einem nahe am Wege allein
ſtehenden Gaſthauſe zu gelangen, wo uns der Schaf-
ner der Jeſuiten von Lima mit dem Mittagmahle
erwartete. Nach vollendeter Mahlzeit kamen uns
aus der Stadt unterſchiedliche unſerer Ordensbrüder
mit andern ſowohl geiſtlichen als weltlichen Herren
zu Pferde entgegen, die uns bis in die Stadt begleiteten, in welche wir um 4 Uhr Abends friſch
und geſund eintraten. Ich bin nicht im Stande,
mit Worten genugſam zu beſchreiben, wie freudig,
wie liebreich wir allda von den Unſrigen empfangen
wurden Man vergoß auf beyden Seiten Freudenthränen. Nachdem wir von unſerer ſo langen Reiſe in etwas ausgeruhet hatten, machten wir gleich

am

am folgenden Tage nach Landes Gebrauche, und
wie es die Schuldigkeit von uns erforderte, unsere
Aufwartung sowohl bey dem Unterkönige, als bey
dem Erzbischofe, welche beyde uns gnädigst empfiengen, und sich mit uns über eine halbe Stunde in
einem angenehmen Gespräche unterhielten.

Die Spanier nennen diese Hauptstadt des
ganzen Königreiches Peru la Ciudad de los Reyes,
die Stadt der Könige, die Americaner aber Lima,
theils von dem Flusse Rimac, welches so viel, als
geschwätzig heiset, theils von einem kleinen Abgotte
dieses Namens, welchen ehedessen die Indianer allda verehrten, der als ein Oracul befragt wurde,
theils wegen des großen Geräusches, so der Fluß beständig über den vielen großen Steinen macht, die er
mit sich fortwälzet, oder an sie mit starkem Getöße
anprellet. Dieser Strom Rimac oder Lima fließet
durch die Stadt, und theilet sie in zween Theile,
die durch eine sehr große, breite, und von Quatersteinen erbaute Brücke zusammen hängen, auf welcher fast alle Abend gegen Sonnenuntergange vieles
Frauenzimmer mit ihren schönen leichten Halbchaisen
eine Viertel-oder halbe Stunde den Kutscher halten
lassen, um allda die kühle und angenehme Abendluft zu geniesen. Der Fluß ist zugleich voll der
besten Krebse. Wenn auf dem Peruanischen
Gebirge, wo er seinen Ursprung hat, viele Was-
sergüsse fallen, geschwillt er sehr an, und ergieset sich

G 5 weit

weit über das Ufer hinaus, und dieses mehrmalen
nicht ohne großen Schaden und Gefahr.

Lima liegt in dem 12ten Grade, 2 Min. 31
Sec. der südlichen Breite. Sie ist der vornehmste und reichste Handelsplatz in Südamerica. Ob sie
schon fast ganz mit Mauern umgeben ist, so wollen
doch diese nicht viel zu ihrer Beschützung bedeuten,
weil sie mit etlichen scharf geladenen Stuckschüssen
leicht zur Erden könnten geworfen werden. An Länge, Grösse, und Breite gibt sie den größten Städten
in Europa wenig nach. Sowohl die Kirchen, als
Wohnhäuser, deren die meisten das schröckliche Erdbeben vom 28 Oct. 1745 sehr übel beschädiget, oder
eingestürzet sind, stehen jetzt noch prächtiger und
schöner aufgebauet, und ob sie schon nur ein Stockwerk hoch sind, haben sie doch viel Umfang, und sind
inwendig mit kostbarem und reichem Hausgeräthe
prächtig gezieret, von außen aber künstlich bemahlet,
daß sie sehr angenehm in die Augen fallen. Sie
haben keine abhängende Dächer, sondern werden
oben mit einer schönen Ebene beschloßen, wohin sich
die Einwohner bey Sonnenuntergange erheben, frische Abendluft zu schöpfen. Die Gotteshäuser haben den Vorzug vor allen Gebäuden der Stadt,
deren sehr viele überaus prächtig erbauet, mit vielen großen und sehr wohllautenden Glocken auf ihren
hohen Thürmen versehen sind, die nicht, wie in
Deutschlande mit Stricken angezogen, sondern oben
ange-

angeschlagen werden, gleich einem Glockenspiele. Es
ist wunderschön anzuhören, wann alle zusammen an
den höhern Festtagen in allen Kirchen der Stadt um
12 Uhr und Abends nach dem englischen Gruße er-
schallen. Die Jesuiterkirche von St. Xavier ist meines Erachtens die prächtigste unter allen. Gleich
bey dem Eingange pranget sie mit zween schönen
Thürmen. Sie ist auch mit vielem reichen Kirchengeräthe versehen. Nach dieser kommt die Domkirche, die zwar größer ist, aber sie kommt der vorigen in vielen Stücken nicht bey. Unsere Gesellschaft
hatte außer dem Seminario des heiligen Martins,
noch 4 andere geistliche Häuser. Das erste ist das
Profeßhaus, so den Namen von der allerseligsten
Jungfrau Mutter der Verlassenen (Desamparados)
führet, und liegt nächst an dem Fluße Rimac, und
an dessen Brücke. Das ganze Gebäude ist mit grossen, und dicken Bäumen aufgeführet, die inwendig
kreutzweiße über einander liegen, und mit eisernen
Klammern an einander befestiget sind, um den beständigen Erdbeben, denen die Stadt unterworfen
ist, Widerstand zu thun. Ihre Kirche ist zwar etwas klein, aber inwendig sehr niedlich, ausgezieret.
Oben sind die Gewölber der Kirchen, die alle von
Ziegel-oder Backsteinen gemacht sind, mit einem dik-
ken harten und weißen Kalkteige auf italiänische Art
überzogen, und mit einem Gitter umgeben, wo die
Unsrigen des Abends frische Luft schöpfen. Das
anbere

andere ist das Haus des dritten Probiersjahrs, welches in der Vorstadt liegt, und el Cercado genennet
wird. Es ist bey einem schönen Garten erbauet, die
Kirche aber ist eine Pfarrkirche, wo die Unsrigen den
zahlreichen Indianern, die in der Vorstadt wohnen,
mit geistlichen Diensten beysprangen. Das dritte
war das Haus des ersten Probierjahrs. Dieses stehet nahe an den Stadtmauern, und hat eine solche
Größe, eine so zierliche Hauskapelle, einen so
angenehmen, schönen, und großen Garten, daß ich in
Europa kein zierlicheres und größeres gesehen habe.
Der Garten erstrecket sich weit hinaus, hat einen
großen Umfang, ist in einer schönen Ordnung mit
vielen Chirimoyen, Polten, Granadillen, und andern
fruchtbaren Bäumen besetzet, hat die wohlriechendsten Blumen und Kräuter, und wird von einem
durchrauschenden Bächlein gewässert und fruchtbar
gemacht. Allenthalben stehen unter den schattigten
Bäumen kleine Kapellen, die den Novizen zur An-
dacht dienlich sind. Es sind auch in dem Garten
unterschiedliche Irrwege gemacht, welche durch
künstliche Gärtnerarbeit gepflanzet, zum Spazierengehen sehr angenehm, und mit übereinander han-
genden Aesten und dickem Laubwerke bedeckt, durch
einen kühlen Schatten die Sonnenhitze abhalten.
Die Mauern sind theils mit Weinreben, theils mit
unterschiedlichen kostbaren Zwergobstbäumen besetzet,
welche das ganze Jahr hindurch grünen, und wech-
sels-

felsweise blühen und Früchte tragen. Das vierte
Haus ist das grosse Collegium des heiligen Paulus.
Es wohnten darinn mehr, als 100 Jesuiten, und
wurden daselbst die kleinere und grössere Schulen gelehret. Ueber dieses hatten wir in der Mitte der
Stadt noch einen andern großen Hof (de la Cha-
carilla) mit einer schönen Hauskapelle, wo das Jahr
hindurch zu bestimmten Zeiten die Bürger, und
Kaufleute den geistlichen Uebungen des heiligen Ig-
naz oblagen. Lima hat auch eine vornehme Universität, die in ganz Südamerica die berühmteste, und
wie die zu Salamanca eingerichtet ist. Sie hat aus
unterschiedlichen Orden die besten Lehrer, und wird
reichlich unterhalten, so daß alle geistliche und weltliche Wissenschaften das Jahr hindurch öffentlich in
dem großen und prächtigen Universitätshause mit be-
sonderem Ruhme der Gelehrsamkeit gelehret werden.
In den umliegenden Gegenden der Stadt sind viele
Landgüter, Lusthäuser, und Meyerhöfe, wo die Einwohner viel Getreyde, Früchte, Zuckerrohre,
und andere americanische Gewächse anbauen, die sie
durch Hülfe vieler geführten Canäle mit denen vom
Gebirge herunterfliesenden Bächen zu Zeiten wässern,
weil es in diesen Gegenden das ganze Jahr hindurch
nicht regnet.

Ich schreite nun zum geistlichen und weltlichen
Regimente in Lima. Dem geistlichen Wesen stehet
der Erzbischof vor, unter welchem verschiedene Bischöfe

schöfe des Königreichs Peru und Chile stehen, ob
schon heut zu Tage sein Gerichtszwang sehr geschmä-
lert ist, wegen des neuen Erzbischofs zu Plata oder
Chuquisaca, dem viele Bischöfe in Peru und Paraguay unterworfen sind, die ehedessen auch dem
Limanischen zugehörig waren. Der oberste Vorste-
her der Inquisition wohnet auch zu Lima, dessen
Gerichte, so aus unterschiedlichen Räthen sowohl
von Ordens- als Weltgeistlichen bestehet, das ganze Südamerica in Glaubenssachen unterworfen ist.
Dieses ehedessen von der katholischen Kirche sehr
nützlich eingeführte Gericht, hat sowohl mir als
andern vernünftigen Männern hier zu Lande gar
nicht mehr gefallen wollen. Denn es haben sich
viele Mißbräuche seit etlichen Jahren eingeschlichen,
die weder von Gott, noch von vernünftigen Menschen gebilliget werden können. Ueber dieses ist der
Stolz dieser obersten Richter so hoch gestiegen,
daß sie nicht nur allein den Bischöffen, sondern
auch den Erzbischöffen vorgehen, und sich auf keine
Weise ihren heilsamen Gesetzen und Anordnungen
unterwerfen wollen, welches doch wider alle Kir-
chenzucht, und Kirchenordnung läuft. Die weltliche Regierung hat der Unterkönig, deren Last von
vielen Räthen unterstützet wird. Wie hoch diese
Personen hier geschätzet und angesehen werden,
kann derjenige allein ermessen, der die ungewöhnliche
Ehrenbezeigungen gesehen, welche diese eitle und
hoch-

hochtrabende Menschen von dem gemeinen Volke
verlangen. Diesem Gerichte zu Lima sind die üb-
rigen weltlichen Gerichte in ea z Südamerica unterworfen. Diese saugen gemeiniglich durch ihre
Tyranney und unersättlichen Geldgeitz den armen
Indianern das Blut aus den Adern. Zu diesen
kommen noch die indianischen Obern, die man Ca-
ziquen oder Maycos nennet, welche nach dem bö-
sen Beyspiele der Spanier, sich nicht für glückselig
halten, wenn sie nicht auch die wenigen übrigge-
bliebenen Pfenninge aus dem Beutel der armen Indianer herauspressen. Es ist daher kein Wunder,
daß die Zahl der Indianer jährlich, ja fast täglich,
abnimmt, indem sie sehr stark zu den noch unbe-
kehrten Indianern wieder übergehen. Eben so un-
erträglich ist auch die Bosheit und der Geitz vieler
Pfarrherren, die unter Hirtengestalt als reisende
Wölfe mit den spanischen und indianischen Richtern
um die Wette streiten, den armen Indianern gar
den Balg abzuziehen, da sie, ohne sich an die von
den Bischöffen vorgeschriebene Gesetze und so-
genannte Stolengebüren zu halten, die armen Indianer unbarmherzig scheeren und schinden, ja ihnen
zu letzt sogar das Hausgeräthe zu ihrer ungerech-
ten Bezahlung aus dem Hause schleppen lassen.
Wozu aber solche unbarmherzige Kirchendiener dieses
bluttriefende Geld der Armen anwenden, ist am
Tage, wenn man ihren kostbaren Kleiderpracht, ihren

ren Ueberfluß im Essen und Trinken, ihr beständiges Würfel- und Kartenspielen, und ihre Schleppsäcke betrachtet, mit welchen sie unterschiedliche Bastarde zeugen, welche sich in diesem peruanischen Reiche öffentlich rühmen, daß sie von so ungesittichen Vätern herstammen. Hieraus ist leichtlich abzunehmen, wie sehr die armselige Neubekehrte einer geistlichen Weide vonnöthen haben. Denn was für einen Unterricht in Glaubenssachen und Sitten, können wohl diese Bedrängte von solchen Hirten hoffen, die als Unkeusche und Geizhälse göttliche und menschliche Gesetze übertretten? Ich muß aber auch gestehen, daß viele gute, fromme, und mitleidige geistliche Hirten zu gleicher Zeit gefunden werden, die mit einem apostolischen Eifer begabet, gegen die Armen herzliches Mitleiden tragen, und sie mit geistlicher Weide sorgfältig versehen

Was die Sitten der Einwohner zu Lima und im ganzen Königreiche Peru anbetrift, so kann ich nicht läugnen, daß viele von frommen Aeltern wohlerzogene Leute beydes Geschlechtes, große Proben der Tugend und Frömmigkeit von sich geben, auch daß eine besondere Unschuld des Lebens unter den neubekehrten Indianern hervorscheinet, welche von der Gemeinschaft mit den Spaniern etwas mehr entfernet leben; aber je frömmer und tugendsamer diese sind, desto böser und ausgelassener sind viele

andere,

andere, so, daß ich mich nicht scheue, die Hauptstadt Lima, und andere Städte und Dörfer dieses
Reiches, mit Sodom und Gomorrha zu vergleichen.
Denn es ist fast keine Gattung der Sünden wider
das sechste Gebot, welcher dieses böse und freche
Volk nicht ergeben ist, daher auch die abscheuliche
französische Krankheit aller Orten hier zu Lande regieret. Schon die zarte Jugend ist gemeiniglich
höchst boshaft und verderbt. Es ist sich aber auch
darüber nicht zu verwundern, wenn man die große,
und beständige Aergernisse ansiehet, die zu aller Unordnung Gelegenheit geben. Denn viele schandvolle
Menschen scheuen sich hier zu Lande nicht, sich ihrer
Unzucht zu rühmen, weil solche weder von der geistlichen, noch weltlichen Obrigkeit gehörig bestrafet,
sondern nur als eine Gebrechlichkeit der verderbten
menschlichen Natur angesehen wird.

Man muß gestehen, daß die aus dem spanischen Geblüte entsprossene Knaben und Mädchen sehr
holdselig von Angesichte sind, und bewunderungs-
würdige Naturgaben haben. Es besitzen auch die
kleinen Indianer viele Artigkeit und schöne Eigenschaften, wodurch sie Lob und Liebe verdienen. Die
von spanischem Geblüte abstammende Mannsleute,
sind den europäischen Spaniern am Gesichte, an
der Sprache und Kleidertracht ganz ähnlich, jedoch
reden auch die mehresten die indianische Sprache,

H   wegen

wegen des beständigen Umganges mit den Indianern. Man reiset hier zu Pferde oder auf Maulthieren, und trägt alsdann über die Kleider einen
viereckigten Mantel, den sie Poncho nennen. Dieser ist schön und prächtig mit Seidenblumen und
andern Zierathen gestickt, und hat in der Mitte eine Oefnung, wie ein Meßgewand, wodurch man
den Kopf stecket; der Mantel aber hänget ringsherum den Leib hinab, und beschützet die Kleider
des Reisenden sowohl wider den Staub, als wider
Hagel, und Platzregen. Es bedienen sich auch
dessen auf der Reise die Geistliche, doch von dunkler
oder violeter Farbe; wie auch die Weibsleute,
wenn sie auf ihren Quersätteln reiten. Diese Sät-
tel sind von rothem, grünem, oder blauen Sammet, der reich mit Gold oder Silber gestickt ist.
Auf der rechten Seite, wo sie zu Pferde oder aufs
Maulthier steigen, hat er ein kleines Brettlein,
welches in zween starken ledernen Riemen hänget.
Auf dieses setzen sie ihre Füße. Auf beyden Seiten ist der Sattel auch mit zwey kleinen Geländern
versehen, die ebnermassen weich mit Sammet, gleich
den Backen eines Lehnsessels überzogen sind. Auf
diesen ruhen die beyden Arme. Hinten ist ein starker, lederner, mit Sammet schön überzogener, und
eine Hand breiter Gurt, welcher an beyden Geländern fest angeschlagen, der Reuterin, so über
quer auf dem Maulthiere oder Pferde sitzet, den
Rücken

Rücken beschützet. Mit der linken Hand regieret sie
das Pferd oder Maulthier, in der rechten hat
sie die Peitsche. Viele sind so herzhaft, daß sie
mit den Mannsleuten in die Wette reuten.

Die von spanischem Geblüte herstammende
Weibsleute, welche wunderschön sind, haben einen
ganz andern Anzug in der Kleidung, als die europäischen. Ihre kleinen Schuhe haben nur eine
einzige zarte Sohle ohne Absatz sind nicht spitzig,
sondern rund, und das Obergeschühe ist von feinem
rothen, grünen, blauen, gelben oder schwarzen
Corduan, welcher gleich den ausgestochenen Bildern
durchbrochen ist, damit die Farbe des schönen seidenen Strumpfes hervorblicken könne. Die Schuh-
schnalle ist bey vornehmen und reichen Frauenzimmer
mit Diamanten besetzt. Den feinen seidenen Strumpf
binden sie bey den Knien, mit einem reichen drey
Finger breitem Bande, dessen zween breite Flügel
unten mit Gold oder Silber gestickt, und mit silbernen oder goldenen Quästchen versehen sind, die fast
bis an die Knöchel hinunter hangen. Ueber den
untern Leib tragen sie ein kleines Röcklein, gleich
unsern Laufern, welches vorne offen, etwann eine
Spannelang über einander geschlagen, und mit einem silbernen oder goldenen Haken auf der Hüfte
fest gemacht wird. Dieses Röcklein (Faldellin)
ist entweder aus Sammet, oder aus einem
sehr reichen Zeuge verfertiget, mit goldenem oder

ſilbernem Gebräme um und um gezieret, und unten mit einem gekräuſelten reichen Bande eingeſäu-
met. Vorne hängen ſie über das Röcklein ein kleines Schürzchen, welches aus einem weißen mit
vielen Blümlein gewürkten Flore oder Schleyer
gemacht, ſchön und nieblich gefaltet iſt, durch welchen das prächtige und reiche Röcklein hervor ſchim-
mert. Wenn ſie in die Kirche gehen, ſo ziehen ſie
noch einen andern von ſchwarzem Taffet, Damaſt,
oder Sammet gemachten Rock (Manto) darüber
an, der um und um künſtlich gefaltet, unten aber mit den feinſten ſchwarzen Spitzen fri-
ſiret iſt. Dieſer iſt auf allen Seiten zugenähet,
und hat oben eine Oefnung, durch welche ſie den-
ſelben über den Kopf ſtürzen, und ihn auf beyden
Hüften mit einem Bande befeſtigen. Dieſer Ober-
rock iſt am vordern Theile kaum zween Finger länger, als das kleine prächtige Unterröckchen, hinten
aber hat er bey den meiſten vornehmen Frauen-
zimmern einen breiten und langen Schweif, der
entweder von einer kleinen ſchwarzen, ſchön geklei-
deten Sklavin nachgetragen, oder von ihnen ſelbſt
prächtig nachgeſchleifet wird. Ueber die beyden
kurzen Röcke, gehet etwas von dem feinen Ober-
hemde, (Fuſtan) hervor, und iſt mehr als eine
Spanne lang mit den feinſten und koſtbarſten Bra-
banter Spitzen garniret, ſo, daß man dennoch durch
dieſelbe den ſeidenen Strumpf und die Waden
durch-

durchschimmern sieht. Oben bey den Hüften, wo
die zwey Röcklein gebunden sind, tragen sie einen
drey Finger breit von Sammet gemachten Gürtel,
welcher von beyden Hüften an bis vorne an die
goldene Schnale der Gürtel, mit durchbrochenem
Golde und Diamanten besetzt ist. Den obern
Theil des Leibes von dem Röcklein an bis an den
Hals, bedecken sie mit einem weißen von feinstem
Barchet gemachten Leiblein, welches wohl an den
Leib passet, und mit vielen kleinen schimmernden Knöpf-
chen zugemacht ist. Beyde vordere Theile sind mit
schlangenweise aufgenäheten rothen Bändlein be-
brämt, auf welche die feinsten holländischen Spitzen
reihenweise aufgesetzet sind; aber zwischen diesen
sind an den Knopflöchern kleine goldene oder silberne Spangen aufgenäht, welche das ganze weiße Leibchen über die massen von vorne erheben. Ueber
dieses ziehen sie ein kleines aus dem nämlichen reichen Zeuge des Unterröckleins gemachtes Camisol
an, welches wunderschön mit Gold oder Silber,
wie das Unterröcklein, gebrämet, und ausgezieret,
vorne offen stehet, damit das untere weise Leiblein
nicht bedecket werde. Dieses Camisölchen, hat
zween weite Aermel, die oben offen, und mit dreyen
von reichen Bändern gemachten Schleifen bey der
Achsel, in der Mitte, und ober dem Ellenbogen,
wohin sie nur reichen, zugebunden werden. Unten
sind sie mit einem Säckchen auf beyden Seiten un-

H 3

ter

ter dem Ellenbogen geschlossen, in welchem sie auf
der rechten Seite das Schnupftuch, auf der linken
viele Blättlein von den wohlriechendsten Blümchen
haben, von denen sie den Mannsleuten, die sie be-
suchen, einige in die Hand geben, um an selbige
zu riechen, und wenn die Mannsperson schon
mehr, als ein guter Freund ist, werfen sie ihm
auch etliche in das Gesicht. Durch die weiten Aermel des Oberleibchens, weil das untere weiße keine hat, ziehen sie die feinen Hembdeärmel heraus,
die offen, und sehr weit sind, gleich den Aermeln
eines weissen Chorrocks. Diese wickeln sie sehr
niedlich zusammen, und stecken sie auf den Achseln
unter den obern Bänderschleifen mit etlichen Steck-
nadeln an, das untere aber hänget unter dem Arme mit feinen holländischen Spitzen gekräuselt, bis
an die Hüfte hinab, also, daß die Hälfte beyder
Arme blos bleibet, welche Blöse sie in etwas durch
reiche Armspangen, die entweder in einem mit
Diamanten schön besetzten, einen Finger dicken,
und zween Daumen breiten goldenen Armringe, oder
aus großen und feinen Perlen gemachten Armschnü-
ren bestehen. Fast alle Finger sind mit vielen goldenen Ringen bestecket, deren die meiste mit Brillanten, oder andern kostbaren Steinen gefasset
sind. An dem Halse tragen sie entweder eine mit
vielen feinen Perlen gemachte Halsschnur, oder ein
reiches Band, so mit Gold beschlagen, und mit

Dia-

Diamanten besetzt ist, woran vorne ein goldenes Kreuz
herunter hängt. Eben so prächtig sind ihre Ohren-
gehänge. Das Haar tragen sie sehr lang, unten
ist es in viele Zöpfe mit rothen Bändern sehr niedlich geflochten; die Spitze auf dem Rücken ist mit
einer schönen großen Schleife zusammen gebunden.
Wenn sie Besuche haben, oder spazieren gehen,
werfen sie über die Kleider des obern Leibes, einen
weissen mit Blümlein gewürkten Schleyer, dessen
eine Spitze sie über die linke Achsel werfen, damit
auch vorne die Brust bedecket bleibe. Wann sie
spazieren gehen, tragen sie einen weissen schönen
Hut, welcher rund, von feinem Castor, auf der
linken Seite aber aufgestülpet ist, mit einem goldenen oder silbernen Knopf und Schleife. Das
reiche, und drey Finger breite Hutband, hänget
hinten auf der rechten Seite mit seinen Quästchen
herab. Wenn sie in die Kirche, oder sonst in ein anderes vornehmes Haus, allda einen Besuch abzu-
statten, gehen, so legen sie den weissen Schleyer
hinweg, und wickeln den obern Leib in ein anderes
kleines Mäntelein, welches sie Rebozo nennen,
und ihnen etwas über die Hüften hinunter hanget. Dieses ist aus purpur oder violeten Sammet;
oder aus einem violeten wollenen Zeuge, den sie
Bayeta de Castilla nennen, gemacht. Unten ringsherum ist das Mäntelein mit einem zwey Hand
breiten schwarzen Sammet niedlich eingefasset, und

H 4　　　　　werfen

werfen sie ebenfalls die eine Spitze über die linke
Achsel hinab bis auf den Rücken. In der Kirche
setzen sie sich niemals auf die Bank, sondern eine
schwarze Sklavin, oder indianische Kammerjungfer
trägt unter dem Arme einen kleinen schön mit Blumen gewürkten Teppich, den sie in der Kirche auf
der Erde ausbreitet, damit auf solchen das Frauenzimmer knien kann. Unter der Predigt setzen sie
sich auf den Teppich mit kreutzweise übereinander-
geschlagenen Füßen, wie die Türkinnen. Auch zu
Hause setzen sie sich niemal auf Sessel, wie die
Mannsleute; sondern sie haben in dem Zimmer
an der Wand eine von Brettern gemachte Erhöhung,
die sie el estrado nennen. Diese hat in der Breite
etwann dritthalbe Ellen, in der Länge nimmt sie
öfters die ganze Wand ein. Von dem Boden des
Zimmers ist sie gemeiniglich eine Spannehoch erhoben. Sie ist beständig mit einem großen von schönen Blumen gewürkten Teppiche bedeckt, auf welchem an der Wand viele in schöner Ordnung gelegte
von Sammet oder Damast gemachte Küssen liegen,
auf welche sich das Frauenzimmer setzet. Zu Tisch-
zeiten setzen sich die Mannsleute auf ihre Sessel bey
dem Tische, das Frauenzimmer aber bleibt auf ihrem estrado sitzen, wo ihnen unterschiedliche kleine
Tischlein mit Speisen gesetzet werden. Ihre größte
Zierde und Schönheit setzen sie in einen kleinen Fuß:
daher die Mütter ihren zarten Kindern die Füßlein
mit

mit Bändern einwickeln, damit sie nicht zu groß
wachsen. Im Tanzen bewegen sie die Füße sehr
künstlich, geschwind und geschickt, so daß es eine
Freude ist, sie tanzen zu sehen.

Die Indianer dieses Südamericanischen Welt-
theils beyderley Geschlechtes sind von den Spaniern
sowohl in Sprache und Sitten, als in dem Gesichte
und in der Kleidertracht unterschieden. Etliche reden
die Quichua, welche die allgemeine Sprache dieses
Königreichs ist, *) andere reden die Aymära, welche
die gemeine Sprache in dem Bißthume von Paz ist,
ob man schon auch in andern Provinzen dieses Reiches
noch sehr viele andere Sprachen antrift. Die Peruaner sind aus angebohrner Art ganz kleinmüthig und
furchtsam, dem vollsaufen sehr ergeben, und an das
falsche Schwören so gewöhnet, daß die Richter ihnen
keinen Eidschwur auflegen dürfen. Ihre Neigung zu
allerhand Abgötterey und teuflischen Aberglauben ist
sehr stark. Es müssen daher die Seelsorger allezeit
ein wachsames Auge haben, und ausforschen, auf
was für Bergen, Höhlen, und Thälern die Neubekehrte öfters zusammen zu kommen pflegen. Sie haben
noch aus Gold und Silber gegossene kleine Götzenbilder, die sie in den Höhlen verbergen, wohin sie sich
in der Stille verfügen, um vom Teufel Hülfe und

H 5 Rath

*) Von der Quitschua Sprache hat der Jesuit Holguin eine
ausführliche Sprachlehre und Wörterbuch 1607 in Lima herausgegeben. M.

Rath zu suchen. Es ist auch der Aberglaube ihrer
alten Könige (Incas) noch nicht ausgerottet, da
sie der Sonne göttliche Ehre erweisen. Von andern un=
zählbaren Aberglauben, denen sie ergeben sind, will ich
nur etliche, die mir jetzt beyfallen, anführen. Wenn
eine Mondsfinsterniß eintritt, so gerathen sie in tau=
send Aengsten, schlagen Hunde und Katzen, rüh=
ren die Trommel, schreyen entsetzlich, schüren allent=
halben unter dem freyen Himmel Feuer an, durch welches
sie dem kranken und Frost leidenden Monde wollen
zu Hülfe kommen. Wenn ein starkes Donnerwetter
sich nähert, wo sie Hagel und Kiesel über ihre Feld=
früchte befürchten, ziehen die Mannsleute ihre Hosen,
die Weibsleute aber ihre Röcke aus, und wehen mit
diesen auf den Feldern und Bergen herum, dadurch
die Wolken zu zertrennen, und geschwind fortzujagen.
Wenn die Weibsleute lange Zeit von ihren Männern
keine Schläge bekommen, sind sie der gänzlichen Mei=
nung, ihr Mann gehe neben hinaus, und liebe sie
nicht, daher sie ihn um Schläge bitten, und wenn
der Mann sich weigert, solches zu thun, hören sie
nicht auf wider ihn zu zanken und zu schmähen, bis er
endlich aus Ungedult und Zorn einen Prügel ergreift,
und der Frau wider seinen Willen das Leder weich
macht. Zu gewissen Zeiten geben sie der Erde Speise
und Trank, damit sie für Hunger und Durst nicht
vergehe, sondern gute Früchte hervor bringe. Aus
dem Vogelgeschrey sagen sie zukünftige Dinge, und
heilen

heilen Menschen und Vieh mit tausenderley Aberglauben, wie die Hirten und alte Weiber in Deutschlande
zu thun pflegen. Blitz und Donner, so auf den Peruanischen Gebirgen sehr heftig, und zu gewissen Zeiten fast täglich sind, werden ihrer Meinung nach von
dem heiligen Jakob verursacht, von welchem sie sagen,
daß er in der Lufft, und ⬤ den Wolken schnell hin
und her reute, und voll Zorns bald da, bald dort
die Donnerkeile herab werfe. Sie sind von dieser aber-
gläubigen Meinung so eingenommen, daß, wenn
ohngefähr durch den Blitz in einem Hause ein Feuer
aufgehet, man sie mit Schlägen antreiben muß, das
Wasser zum Löschen zuzutragen. Denn sie sagen, es
erzürne sich der heilige Jakob wider diejenigen, so sich
zu löschen unterstehen, weil er das Feuer vom Himmel geworfen, um des Nachbarn Bosheit zu stra-
fen, davon ich selbst ein Zeuge seyn muß. Als ein
Donnerstrahl in einem Dorfe, wo ich war, etliche
Häuser anzündete; und eine Indianerin Wasser hin-
eingoß, und sich ohngefähr verbrannte, gaben ihre Nachbarinnen, da sie zu Bette lag, statt des Tro-
stes, ihr viele Schimpfreden und sagten: Ey
wie recht und billig zahlt dich der heilige Jakob
wegen deiner Vermessenheit aus, daß du freches Weib
dich unterstanden, mit ihm einen Streit anzufangen.
Den Todten geben sie Speise und Trank mit, und alles, was zu einer grossen Reise nöthig ist, welches
sie behutsam unter das Todtenleilach verstecken. Denn
sie

ſie fürchten ſich für Schlägen, mit welchen ſie ihre
Seelſorger wegen dieſer lächerlichen Mißbräuche aus=
zahlen laſſen, wenn gute Ermahnungen nichts helfen
wollen. Sie legen dem Todten noch Nadel und Fa=
den bey; daß er auf der Reiſe ſeine Kleider ausbeſ=
ſern, auch mit der Nadel die Dorne ſich aus den Füſ=
ſen ziehen könne, weil ſie ſich träumen laſſen, es wä=
re ein rauher und mit vielen Dornen bewachſener Berg,
durch welchen der Verſtorbene reiſen müſſe. Sie töd=
ten auch den Hund, der ihm im Leben der getreueſte
war, damit er den Verſtorbenen auf der Reiſe wider
die Mörder beſchütze. Zu gewiſſen Tagen des Jahrs
ſchleichen ſie zu dem Grabe, und gieſſen americaniſches
Bier darauf, dem Todten ſeinen Durſt zu löſchen,
welches ſie aber ſo tückiſch machen, daß man meinen
ſollte, ſie ſprengten Weihwaſſer darauf, wenn man
nicht aus dem Geruche, das Bier merkete. Sie hal=
ten nach verfloſſenem Jahre koſtbare Mahlzeiten, wo=
bey ſie auf die Geſundheit des Verſtorbenen tapfer
trinken, daß er glücklich ſeine Reiſe in die Ewigkeit
endigen möchte. Die Indianer lügen über die maſſen,
daher man ihren Worten nicht glauben darf. Zum
Beichten gehen viele, nur den Beichtvatter zu betrie=
gen, und da ſie gemeiniglich ohne vorhergehende Ge=
wiſſenserforſchung kommen, muß man ſie mit aller
möglichen Sanftmuth und ſchmeichelnden Worten be=
hutſam ausforſchen, damit ſie nicht aus Furcht ihre
Sünden verſchweigen. Die Zahl, ſo ſie zu der erſten

Gattung

Gattung der Sünden setzen, die nämliche setzen sie gemeiniglich zu allen andern folgenden Sünden, die sie beichten; es muß daher ein verständiger Beichtvater, wenn es die Neigung des Beichtkinds in etwas erkennet, sich selbst eine beyläufige Zahl vorstellen. Ihre Freude ist auf Hügeln zu wohnen, wo sie ihre Schaafe weyden, damit sie sich in allen Gegenden umsehen können, wenn etwann jemand ihrem Viehe einen Schaden zufügen wollte, obschon die meisten in Dörfer sind gebracht worden, damit man ihnen durch den Umgang mit den guten und frommen Indianern ihre Aberglauben benehmen möge. Sie wohnen in schlechten Häuschen, die aus Steinen und Leimen gebauet, und mit dürrem und langen Grase, so sie Chillua nennen, bedecket sind, um sich wider Kälte und Regen zu beschützen. In die Wand machen sie ein kleines Loch, durch welches in die Hütte ein wenig Licht hineinfallen kann. Die Thüre, so den Tag hindurch offen bleibt, bestehet aus einer Küh- oder Ochsenhaut und ist gemeiniglich so niedrig und enge, daß man sich im hineingehen bücken, und schmiegen muß. Ihr besonderes Hausgeräthe bestehet aus Wolle von unterschiedlichen Thieren des Landes, woraus sie sich Kleider und andere zum Gebrauche nothwendige Dinge verfertigen. Sie haben aus Hafnersleimen oder Lette wohl gearbeitete Geschirre, die ihnen zum Kochen, und das Getränke aufzubehalten, dienen. Es mangelt ihnen nicht an unterschiedlichem Werkzeuge,

zum

zum Kleiderweben, auch nicht an silbernen Geschirren und Hausgeräthe, welches sie behutsam vor den Augen der Spanier verbergen, damit sie ihnen von diesen nicht abgenommen werden. Ganz anders ist es mit den adelichen Indianern beschaffen, die in grossen Dorfschaften und angenehmen Meyerhöfen wohnen. Denn diese haben weitschichtige und sehr bequeme Häuser, die mit vielen kostbaren Geräthschaften ausgezieret sind.

Obschon die Indianer Gold und Silber hoch achten, so haben sie doch ihre einzige Freude an den Heerden des Viehes, die meistentheils aus americanischen Schaafen bestehen, wiewohl sie auch viele europäische Ochsen, Kühe, Schweine, Pferde, Esel, und Schaafe zählen. Von den americanischen Schaafen haben sie zweyerley Gattungen. Die einen nennen sie Llama, oder Carua. Es ist dieses Schaaf so groß als ein Esel, und sieht fast wie ein kleines Kamel aus, wegen des erhobenen Halses, und hohen Rückens. Dieses Thier ist zum Lasttragen sehr tauglich, die Wolle aber dienet blos zu Stricken und Säcken. Die andere Gattung nennen sie Alpaca. Sie ist beynahe eben so groß, als die erste Gattung, aber untauglich zum Lasttragen. Sie hat eine feine schöne und lange Wolle, die vom ganzen Leibe schier bis zur Erde dritthalbe Spannen lang hinabhänget. Die Farbe dieser Schaafe ist unterschiedlich. Etliche sind am ganzen Leibe grau, etliche

kohl-

kohlschwarz, andere dunkelbraun, etliche schneeweiß,
welche letztere von den Indianern sehr hochgeschätzet
werden, weil ihre Wolle nachher sehr fein gefärbet
werden kann. So wohl diese, als die andern americanischen Schaafe schützen sich wider die Menschen
mit ihrem sehr übel riechenden Geifer, den sie weit
hinauswerfen. Die Hunde halten sie mit ihren vordern Füssen ab, mit welchen sie so stark schlagen,
daß auch die grimmigsten, wenn sie einen Schlag
davon getragen, jämmerlich schreyen, den Muth verlieren, und davon laufen. Das Fleisch dieser Schaafe wird sowohl von den Indianern, als Spaniern
gegessen. Die Kühe, deren es überflüssig giebt, kosten
hier zu Lande 6 oder 7 spanische Thaler, sie geben
aber nicht das ganze Jahr hindurch Milch, sondern
allein, wenn sie Kälber haben. Die Kälber essen
sie niemal; denn sie sagen, es wäre ewig Schade,
daß man so kleine Thiere tödten sollte. Die Ochsen haben ihren Werth nach ihren Jahren, so viele
Jahre nämlich das Stück alt, so viel spanische Thaler kostet es. Das europäische Schaaf kommt um
einen Gulden, und wird unter die besten Speisen gerechnet. Die americanischen, die zum Lasttragen können gebraucht werden, verkaufet man um 2 spanische
Thaler, die andern aber nur um anderthalbe, die
jungen hingegen, so zum essen dienen, um einen Gulden. Die Speisen werden mit Schweinsfette, welches die Indianerinnen sehr fein, wie wir in Deutschland

lande die Butter, zerlaſſen, gekocht, aus Mangel
der Butter; daher die Schweine hier hochgeſchätzet
werden, und mehr, als ein Ochs, oder Kuh koſten.
Die gemeine Indianer haben eine ſolche Liebe gegen
ihr Vieh, daß ſie gar ſelten eines davon ſchlachten;
denn ſie genieſſen gemeiniglich nur dasjenige, ſo an
einer Krankheit dahin gefallen. Wenn ſie daher
aus Hunger eines müſſen ſchlachten, ſo ſetzen ſie
weinend das Meſſer an, und die herumſtehende Weiber beklagen mit Heulen und Weinen das mit dem
Tode ringende Thier. Ihre meiſte Nahrung beſtehet in Erdäpfeln, ſo die Indianer Choquenaca
nennen. Von dieſen werden die meiſten Felder auf
den Peruaniſchen Gebirgen angebauet, weil ſie zu keiner andern Frucht dienlich ſind. Sie breiten dieſe
Erdäpfel in dem Junius, wo es hier zu Lande ſchier
all Morgen Eiß machet, auf den Heiden aus, und
laſſen ſie gefrieren; nachmals aber, da gegen neun
Uhr die Sonne ſolche wieder aufgethauet hat, tretten ſie mit bloſſen Füſſen allen Saft aus, und laſſen ſie
in der Luft trocken werden. Nachdem ſie nun dieſes
10 bis 12 Tage wiederholet, und die Erdäpfel trocken, dürre, und ohne Saft ganz hart gewor-
den ſind, führen ſie ſelbe in Säcken nach Hauſe in
ihre Scheuern, wo ſie ſolche 2 bis 3 Jahre aufbehalten, ohne wurmſtichig zu werden. Wenn ſie nun
dieſe dürren Erdäpfel zubereiten wollen, zermahlen
ſie ſelbe zwiſchen zween Steinen, und legen ſie drey-

mal

mal in frisches Wasser, drücken solche allezeit wohl
aus, und benehmen auf solche Weise ihnen alle Bit-
terkeit. Nachher nehmen sie gute Fleischbrühe dazu,
und lassen sie zu einem dicken Brey einkochen, welchen sie mit klein geschnittenem Fleisch oder Käse
vermischen. Diese Speise der Indianer ist sehr nahrhaft, gesund, und schmackhaft, absonderlich wenn
dieser Erdäpfelbrey mit klein geschnittenem jungen
Hühner-oder Feldhühnerfleische vermischet wird. Die
Felder, auf welchen die Indianer dieses Jahr Erdäpfel gebauet haben, besäen sie folgendes Jahr mit
einem andern Saamen, den sie Quinoa nennen, und
der unserem Hirse sehr gleichet, ob es schon eine
andere Frucht ist, die in Europa nicht gesehen wird.
Der Stengel ist gemeiniglich so dick, als das untere
eines Federkiels, und wächset etwann eine Elle hoch.
Oben bringt er viele dickbüschichte Zweiglein hervor,
die voll kleiner Körnchen sind. Sind nun alle Stengel der Frucht auf dem Felde zeitig, so werden sie
gleich unserem Hanfe herausgerupfet, und von den
Indianerinnen mit blosen Füssen auf untergelegten
Teppichen unter lustigen Gesängen ausgetretten, und
gesäubert. Sie gebrauchen diese Frucht nicht nur
allein zur Speise, sondern machen auch ein starkes
indianisches Bier davon, welches sie Chicha oder
Kusa nennen, dessen Farbe einem rothen Weine,
wenn es aus den rothen Körnern, oder unserem weisen Biere, wenn es von weisen Körnchen gemacht
wird,

J

wird, gleichet. Dieses Getränke berauschet, wie
unser Bier in Deutschlande, und dienet wider Stein
und Gries, so, daß man wegen dieses Getränkes
keinen Indianer findet, der mit diesem Uebel behaf-
tet sey. Es kühlet sehr, löschet über die massen
den Durst, und würde auch den Europäern sehr
wohl schmecken, wenn es ihnen aus goldenen oder
silbernen Bechern, wie hier, gereichet würde. Die
Gerste, so häufig in diesem Lande, und zwar so hoch,
als unser Korn wächset, dienet allein für die Maulthiere und Pferde statt des Habers. Ausser den ge-
meldeten Feldfrüchten gibt es fast keine andere mehr
auf den Peruanischen Gebirgen, obschon andere nahe
gelegene Provinzen dieses Reiches einen Ueberfluß
am besten Weitzen, indianischen Korne, stärksten
Wein, lieblichsten Früchten u. d. g. haben, so, daß
wegen beständiger Handelschaft der Indianer mit andern Provinzen auf dem Gebirge niemals ein Mangel an Weitzenbrod, gutem Weine, und auser-
lesenen Früchten ist. Sowohl die Spanier, als Indianer halten zu gewissen Tagen solche Mahlzeiten,
die den europäischen nichts nachgeben. Es werden
bey solchen sehr viele niedliche und wohl zubereitete
Speisen aufgetragen. Die Geschirre sind voll des
kostbarsten Weines, und die silberne Krüge voll americanischen und lieblich gewürzten Biers. Der Tisch
pranget mit goldenem und silbernem Service, welches den Pracht der Europäer verdunkelt.

Die

Die Indianer machen ihre Reisen, sie mögen noch so weit seyn, gemeiniglich zu Fusse, und bleiben niemal auf der Landstrasse, sondern sie trachten nach ihrem vorgesetzten Ziel über Berge und Thäler ohne allen unnützen Umweg. Sie sind allezeit mit einer Schleuder versehen, woraus sie so geschickt ihre Steine werfen, daß sie auch weit hinaus niemals das Ziel verfehlen. An der Seite tragen sie eine Tasche, in diese stecken sie ein Kraut, so sie Coca nennen, ohne welches sie weder reisen, noch arbeiten. Dieses halten sie in dem Munde zwischen den Zähnen und Backen, saugen den Saft heraus und sagen, daß es ihnen Kräffte und Stärke gebe. Ob nun dieses in der That also, oder nur eine leere Einbildung der Indianer sey, will ich nicht untersuchen. So viel ist doch gewiß, daß solches Kraut abgesotten denjenigen gleich einem Thee hier zu Lande zu trinken gegeben wird, welche in ihrem Magen eine Unverdauung verspüren: denn es ist sehr hitzig, erwärmet, stärket den Magen, und befördert die Verdauung. Dieses Kraut wächset allein in Yungas, einer Landschaft dieses Reichs, welche gleich hinter dem Peruanischen Gebirge ligt, und sich weit erstrecket. Es wird wie unsere Weinberge an Anhöhen gepflanzet, und muß viele Sonnenhitze haben. Das Bäumlein, an welchem die Blätter dieses Krauts wachsen, ist kaum so groß, als ein Weinstöckchen, die Blätter aber gleichen viel den Lorbeerblättern. Diese werden zweymal im Jahre re zu gewissen Zeiten abgerissen, in der Luft dürr gemacht, und sind diejenigen sehr reiche Leute, welche auf ihren Gütern viel von diesem Kraute bauen, weil jährlich viele tausend Centner davon verkauft und verzehret werden.

Des Krauts von Paraguay (Mate) bedienen sich frühe und abends sowohl die Spanier als Indianer, gleichwie die Deutsche des Thees. Sie trinken solches aus einer Schaale, die artig aus einem americanischen Kürbisse gemacht, und dessen Rand breit mit Silber oder Gold eingefasset ist. Aus diesem ziehen sie das Paraguaysche Theewasser mit einem silbernen oder goldenen Röhrlein in den Mund, welches unten kleine Löchlein hat, und von ihnen in das Geschirrlein getauchet wird. Dieses Kraut wird jährlich von Paraguay, welche Landschaft gleich an Peru gränzet, im Ueberflusse überschicket, und ist schier die beste und einträglichste Handelschaft, welche Paraguay mit Peru hat.

Die Farbe der Indianer im Königreiche Peru ist etwas brünet, und kommt der Farbe des europäischen Bauernvolks ziemlich nahe. Sie sind auch, absonderlich die Weibspersonen, im Gesichte und am Leibe wohl gebildet. Sie gehen fast alle barfuß, und tragen nur aus Leder gemachte Sandalien, um die Fußsolen wider die Steine und Dornen zu beschützen. Die Mannsleute tragen gerne weite Hosen,

sen, und ihr Hemde ist aus Baum - oder anderer Wolle, welches auch von unterschiedlicher Farbe ist. Ueber dieses ziehen sie ein kleines Röckchen an, welches auf indianische Art aus zartem Wollenzeuge fein und niedlich gemacht, bis an den Hosengürtel hinabhänget, und wie ein Levitenrock nur b den Kopf gestürzet wird, dessen Aermel weit sind, und den halben Theil des Arms bedecken, wo sie einen großen Theil des Hemdes hervorziehen, und auf beyden Seiten hinunter hangen lassen. Auf den Schultern tragen sie einen aus zarter indianischer Wolle fein verfertigten viereckigten Mantel, auch von unterschiedlicher Farbe, der hinten bis über die Waden reichet. Die Bärte sind ohne Haare, die auf dem Kopfe sind sehr dick und lang, und bey allen pechschwarz, die sie auf den Nacken binden, über den Rücken bis an die Kniekehle hinabfliegen lassen, und mit größter Sorgfalt unterhalten: daher man einem Indianer keinen größern Spott beweisen kann, als wenn man ihm die Haare abschneiden läßt. Den Kopf bedecken sie mit einem runden, aus allerhand Stückchen Tuch fein zusammengesetzten Hute, wiewohl die meisten heut zu Tage spanische runde Hüte tragen. Ihr braunes Halstuch lassen sie auf beyden Seiten hinabhangen, auf Art der alten Deutschen, welches aus einer sehr feinen braunen Wolle der kleinern Kameelziege, Vicuña, gemacht ist, die wegen ihrer Feinheit sehr hoch geschätzet

J 3　　　　　　　wird,

wird, und von welcher ganze Schiffe nach Europa
beladen werden. Die Indianer machen aus derselben die schönsten und feinsten Hals- und Schnupftücher,
die aber nicht, wenn sie schmutzig sind, mit warmen, sondern mit kaltem Wasser ohne Seife müssen
gewaschen werden. Sie dörfen auch nicht in der
Sonne, oder bey einer andern Hitze trocknen, sondern allein in dem Schatten, damit sie sich nicht zusammen ziehen, und ihren Glanz verlieren. Sie
machen aus dieser Wolle die feinsten schwarzen Hüte,
die unsern Castorhüten im geringsten nichts nachgeben. In Spanien verfertigen sie daraus, absonderlich in der Stadt Segovia, ein so feines schwarzes
Tuch, daß ich noch kein feineres gesehen habe. Diese Vicuñas halten sich gerne auf den Bergen und an
kalten Orten auf, und gleichen in allem den
americanischen Schaafen, nur daß sie in etwas ge-
schmeidiger, sehr geschwind im Laufe, und in der
Wolle alle hellbraun sind. Man trift auf den Cor-
dilleras von diesen Thieren ganze Heerden an, und
in der julischen Provinz giebt es eine Völkerschaft,
die man Choquelas nennet, welche sich fast allein
von der Jagd dieser Vicunsen nähret: denn das
Fleisch essen sie, aus der Wolle aber machen sie
sich ihre Kleider, oder verkaufen solche theuer.
Diese Thiere haben in ihrem Magen die Bezoar-
steine oder Kugeln, ob schon auch die andern americanischen Schaafe, oder wilde peruanische Gemsen,

auf

auf diesen Gebirgen, welche den Vicuñas bey nahe in allem gleichen, und Guanacos genennet werden, in ihren Leibern sehr viele dergleichen Steine
tragen. Die Indianer fangen die Vicunjen auf folgende Art. Sie jagen sie von den Bergen in ein Thal
hinab, dieses umfangen sie mit einer langen
Schnur, worein viele weiße Wolle und Federn geknü-
pfet wird. Wenn nun diese von dem Winde beweget
werden, fürchten sich die Vicunjen, so, daß sie sich
nicht über dieses Federgarn zu springen getrauen.
Da ziehen dann die Indianer die Federschnüre mehr
und mehr zusammen, bis diese Thiere ganz nahe
beysammen sind, alsdann gehen sie in den Kreis hinein, werfen ihnen ihre Libes unter die Füsse, welche aus drey kleinen Strickgen gemacht sind, an
deren jedem Ende eine bleyerne Kugel hänget,
und verwickeln also den Vicunjen ihre Füsse, so,
daß sie zur Erde fallen müssen, wo sie ihnen alsdann
die Gurgel abschneiden. Die Indianer sind in dieser
Jagd so geschickt und glücklich, daß sie in einem Tage
mehr, als 40 oder 50 fangen.

Die indianischen Weibspersonen tragen einen
wollenen langen Rock, der von den Achseln an bis
auf die Füsse herab hänget. Oben stecken sie solchen
auf beyden Seiten mit zwo sehr großen Nadeln zu,
deren Köpfe breit von Silber gemacht sind. In der
Mitte unter der Brust umgürten sie den Rock mit
einem fast 4 Finger breiten und von allerhand Far-

den geſtrickten wollenen Gürtel. Von den Schultern bis über die Hüften hinab hängen ſie ein ge-
webtes Mäntelein um, welches ſie vorne bey dem
Halſe mit einer großen von Silber oder Gold gemachten Nadel, die ſie pichu nennen, zuſammen-
ſtecken. Ihre Haare unterhalten ſie eben ſo ſorgfäl-
tig, als die Mannsleute, und flechten ſie ſehr ſchön
in viele Zöpfe, deren Spitzen ſie unten mit einem
Bande zuſammen binden. Das Haupt bedecken ſie
zu Hauſe gemeiniglich nicht, wenn ſie aber ausgehen, bedienen ſie ſich eines weißen oder ſchwarzen
runden Huts, oder eines andern von unterſchiedli-
chen vielfärbigen Stückchen artig zuſammgeſetzten
Hütchens, (Montera) welches ſie von den Spanier-
innen gelernet haben. Gehen ſie in die Kirche, oder
in ein anderes Haus, einen Staatsbeſuch zu machen,
ſo bedecken ſie das Haupt mit einem von Sammet,
Taffet, oder aus einem andern feinen Zeuge gemachten breiten und langen Tuche, welches hinten
biß an die Kniekehlen hinab hänget. Die verheuratheten Indianerinnen ſind gemeiniglich nur Sklavinnen
ihrer Männer. Sie halten ſie faſt unmenſchlich,
daher bey den Eheleuten meiſtens Zwietracht, ſelten
aber wahrer Friede zu finden; und obſchon dieſer
durch Fleiß der Seelſorger und anderer Richter ein
oder das anderemal geſtiftet wird, ſo iſt er doch gemeiniglich von einer kurzen Dauer, wegen der wilden
Art der Männer.

Ich

Ich komme wieder auf die angenehme Lage
und Gegend der Peruanischen Küste, welche sich von
dem Aequator bis zu den Tropicum Capricorni erstrecket. Die angenehme Himmelswitterung, und
mäsige und gesunde Luft macht allda ein irdisches
Paradies. Denn da weder scharfe Kälte, noch
starkbrennende Sonnenhitze giebt, so ist hier
ein ewiger Frühling, der keine Veränderung der
Zeit leidet. Es giebt niemals trübe oder finstere
Wolken, und wenn die Sonnenstrahlen zuweilen bedecket werden, wird solches von einem angenehmen
und etwas frischen Nebel verursachet, der die Einwohner zum Spazirengehen einladet. Von Donner
und Blitz, auch von starken Platzregen weis man in
diesen Gegenden nichts. Das ganze Jahr hindurch
sind Tag und Nacht einander gleich. Die Erde wird
von einem Morgenthaue, und unzählbaren Bächlein
befeuchtet, welche mit lieblichem Rauschen durch
Felder und Wiesen zwischen Bäumen und Gärten
herumfliesen: daher diese den Einwohnern zu jeder
Jahrszeit eine große Menge der besten Blumen und
Früchte hervorbringen.

Bey allen diesen Annehmlichkeiten giebt es
doch einige beschwerliche Insecten, z. E. Flöhe, und
sehr kleine Insecten, die sie in Cartagena Niguas,
in Peru aber Piques nennen. Diese setzen sich gemeiniglich zwischen die Fußzähen an, und dringen
durch die Haut in das Fleisch hinein, wo sie alsdann

J 5   ihre

ihre Neſtlein machen, und Eyer legen. Sie verurſachen ein beſtändiges und ſehr überläſtiges Jucken,
welches man doch 3 oder 4 Tage lang ertragen muß,
bis ſie ſich ſatt gefreßen, und ihre Eyerſäckchen geleget haben. Alsdann nimmt man eine Nadel, eröfnet rings herum die Haut, und ziehet behutſam
das ganze Neſtlein mit dem Inſecte heraus; das
Löchlein aber, welches ſo groß, als eine Erbſe
bleibt, heilet man mit eingeſtreuetem ſpaniſchen Taback. Ich habe dieſes Thierchen etlichemal durch das
Mikroſkop betrachtet, und ganz genau gefunden,
daß es dem Flohe viel ähnlich, doch aber in etlichen
Stücken ganz anders gebildet ſey. Auſerdem fehlet
es in dieſen angenehmen Gegenden nicht an einer faſt
beſtändigen Geißel Gottes, wodurch bisweilen die
Süſigkeit der Landſchaft, und angenehme Ruhe der
Einwohner ſehr verbittert wird, nämlich an Erdbeben, ſo, daß ich innerhalb neun Monaten, die ich
in Lima zubrachte, mehr als zwanzig derſelben ver-
ſpürte, deren einige ſo ſtark waren, daß die Glok-
ken auf den Thürmen zu größtem Schrecken und
Angſt aller Einwohner ihren Klang von ſich ſelbſt
gaben. Man ſollte wahrhaftig glauben, es wäre
faſt niemand auf der Welt zu finden, der ſich unter-
ſtünde, in einer ſolchen Landſchaft zu wohnen, ſie
möge ſo angenehm, ſo reich, und ſo überflüſig mit
allem verſehen ſeyn, als man ſich nur einbilden könne, wo man immer in größter Gefahr ſchwebt leben-

dig

dig begraben zu werden, und dennoch giebt es
viele Tausende, die nicht anderswo wohnen wol-
len, als nur in diesen augenehmen Gegenden, da sie
doch noch jetzt den zu Grunde gerichteten Seehafen
Callao vor Augen haben, dessen Festung den alten
Namen Callao behalten hat, die besser in das feste
Land hinein erbaute Stadt aber heißt jetzt Buena
Vista.

Ich fahre nun in Beschreibung meiner Reise
fort, die ich von Lima nach den Andengebirgen gemacht
habe, wohin ich von meinem Obern, um allda dem
Heile der Seelen in dem Weinberge des Herrn obzuliegen, geschickt wurde. Ich werde nichts mehr
von den Sitten, Gebräuchen, Aberglauben, Kleidung, und Eigenschaften der Indianer sagen, von
welchen allen ich schon oben Meldung gethan habe,
sondern allein dasjenige zu erzählen mich bemühen,
was ich auf meinen vielfältigen Reisen, und auf
den peruanischen Anhöhen, wo ich mich 18 Jahre
lang aufgehalten, Merkwürdiges gesehen und erfahren habe. Das peruanische Reich erstrecket sich
von dem Aequator bis zu dem Tropico Capricorni,
mithin zählet es 20 Grade in der Länge, gegen
den Polum Antarcticum; in der Breite aber hat
es nicht mehr, als 8 Grad gegen Osten, ob es sich
gleich unten bey der Spitze gegen Chile und Paraguay in der Provinz Charcas etliche Grade weiter ausbreitet. Es gränzet gegen Osten an das
unbe-

unbekannte Land der Amazonen, gegen Westen an
das Mar del Zur, gegen Süden an Chile und
Paraguay, und gegen Norden an Popayan. Es
wird in drey große Provinzen oder Audiencias zertheilet, deren die erste Quito, die andere Lima, und
die dritte Charcas oder Plata *. Diese drey werden
wiederum in viele andere kleine abgetheilet. Jede hat
ihren besondern Gouverneur, die aber von dem Unterkönige von Lima abhangen. Es ist ein sehr frucht-
bares Land an Baumwolle, Zucker, Getraide, Oel,
vortreflichem Weine, und den besten Baumfrüchten;
aber der größte Reichthum, den die Spanier allda
finden, ist Gold, Silber, Zinnober, Smaragden,
Quecksilber ꝛc. Das katholische Glaubenslicht
schimmert fast allein nur an den Orten, welche ehedessen den Incas unterworfen waren, die übrige
stecken noch in der heidnischen Finsterniß, welche zu
vertreiben und das wahre Glaubenslicht allda an-
zuzünden, die Väter der Gesellschaft Jesu viele
Jahre hindurch sich ihren Schweiß und Blut haben
kosten lassen. Man reiset auf Maulthieren; Bett,
Zelt, Tischtuch, Teller, Löffel, Messer, Gabel,
und Trinkbecher, muß man mit sich führen, auch
sich wohl mit Essen, Trinken, und mit allem, was
nöthig ist, sich eine Mahlzeit auf dem freyen Felde
zurichten zu lassen, versehen, weil man mehrmalen
unter dem freyen Himmel sein Nachtquartier auf-
schlagen muß. An vielen Orten trifft man auf
der

der Reise keinen Stecken Holz an, daher man auf
den Heiden den dürren Kuh- und Ochsenmist, oder
Schaaflorbeeren zusammen suchen muß, Feuer zu
machen, wenn man auf der Reise Thee oder
Chocolate trinken, oder etwas Warmes essen will.
Die Wege über diese Gebirge, sind die allerrauhe-
ste, und tausenderley Lebensgefahren ausgesetzet,
weil der Weg an sehr vielen Orten kaum drey oder
vier Spannen breit, da auf einer Seite die jähen
Berge und Felsen, die bis an die Wolken reichen;
auf der andern aber die tiefsten Abgründe sind, wo
die schnellesten Flüße vorbeyrauschen. Ich bin öfters von dem Maulthiere abgestiegen, damit ich zu
Fuße desto sicherer fortkommen möchte; allein ich
stund manchesmal zwischen Felsen, Abgrund und
Wasser, und mußte die Indianer, die uns begleiteten, um Hülfe rufen, daß sie mir die Hand langten, um nicht von dem Schwindel eingenommen zu
werden, und hinunter zu stürzen, bis sie mich endlich überredeten, mich auf das Maulthier zu setzen,
und beherzt fortzureuten, weil diese der harten und
rauhen Wege schon gewohnt, sicher von einem Fel-
se zum andern zu springen wissen, ohne daß sie,
als nur gar selten, anstossen. Ueber große Flüße
setzet man auf indianischen Brücken, die nicht von
Holz oder Stein gemacht sind, sondern von starken
und dicken Seilen. Diese werden von einer Seite zu der andern, wo der Fluß am tiefsten ist,

und

und ſtille gehet, gezogen; auf dieſe Seite werden viele aneinander geflochtene Hölzer gelegt,
die mit Stricken wohl angebunden ſind. Die
Brücke ſtehet hoch über dem Waſſer, und iſt
nur eine Klafter breit. An beyden Seiten hat
ſie von Stricken wohl zuſammen geflochtene
Geländer, an welche man ſich änhalten kann.
So bald man in ſolche den Fuß ſetzet, um
auf die andere Seite zu kommen, fängt die ganze
Brücke an, hin und her zu wanken, und ſollte man
alsdann den Schwindel bekommen, muß man eilends einem Indianer rufen, damit er die Hand
reiche. Die Maulthiere laufen eines nach dem
andern hinüber; doch müſſen ſie an einem
Stricke, oder mit dem Zaume geführet werden. Ihre Laſt wird ihnen abgenommen, und
auf den Schultern und Achſeln der Indianer
nach und nach auf die andere Seite des Flußes
getragen. Gleichwie die Berge unterſchieden, alſo
iſt auch die Witterung. An einigen Orten iſt eine
durchdringende Kälte, und die Berge ſind das ganze Jahr hindurch mit Schnee bedecket, obſchon alle
unter dem Sonnenwendekreiſe liegen, und die Sonne das ganze Jahr faſt ſchnurgerade über den Kopf
herab ſcheinet; an andern Orten aber, die kaum
zweyhundert Schritte entfernet, und in Bergen
eingeſchloſſen ſind, iſt die Sonnenhitze ſo brennend,
daß man zu verſchmelzen glaubt. Andere Oerter
und

und Thäler, deren es zwischen den Bergen sehr
große giebt, haben allezeit angenehme Lüftchen,
und bringen eine ungemeine Menge Früchte hervor. Die Berge sind von außen kahl, unfruchtbar, und unangebauet, inwendig aber sind diejenige, so gegen Westen und das Südmeer liegen,
voll Silber, und die, so gegen Osten stehen,
und weit von dem Meere entfernet sind, voll Gold.
Berge und Anhöhen wimmeln von Feldhühnern,
deren es dreyerley Arten giebt; einige sind so groß,
wie ein zahmes Huhn, die man Gibues nennet, andere sind, wie unsere Feldhühner in Deutschlande,
deren doch einige etwas grösser, und Pisacas genennet werden. Diese fangen die Indianer also
mit der Hand. Etliche begeben sich mit ihren Hunden auf die Berge und Anhöhen, die solche aufja-
gen, und in die Thäler hinab sprengen, wo andere Indianer ausgetheilet sind. Wenn nun das Feld-
huhn auf der Heide sich niedersetzet, steckt es alsobald den Kopf unter das Gras, ohne das zweytemal aufzufliegen; alsdann eilet der Indianer,
welcher am nähesten stehet, geschwind hinzu, ergreift es, und steckt solchem eine starke Flügel-
feder in den Kopf, sie zu tödten. Nebst den
Feldhühnern giebt es auch auf den Wiesen und
Heiden noch eine andere Gattung von Vögeln,
die an Größe, Federn und Bildung unsern Wach-
teln in Deutschlande sehr ähnlich sind. Diese fan-

gen

gen früh Morgens, wenn der Tag anbrechen will,
an zu schreyen, oder besser zu sagen, zu quáchzen
wie unsere Kröten in den Weihern, wann es reg-
nen will. Sie nennen sie Buccu buccu, wegen des
traurigen Tones ihres Geschreyes; die Spanier
aber heißen sie los gallos del Inca, die Incabah-
nen, weil diese indianischen Könige, wenn sie in
dem Felde stunden, gemeiniglich früh Morgens,
da diese Vögel zu rufen anfiengen, mit ihren Soldaten aufzubrechen pflegten. Die Wiesen, Felder,
und Heiden, sind auch voll von andern Vögeln,
welche die Indianer Lekeleke nennen, die sich blos
vom Gewürme nähren.

Auf der Reise in diesen Landschaften, müssen
sowohl geistliche als weltliche Personen, sich sehr
behutsam verhalten, und sollten meines Erachtens niemals allein in einem Zimmer schlafen.
Denn weil gemeiniglich keine Thüre verschlossen wird,
so schleichen heimlich freche Weibsbilder hinein, die
wohlgebildet, und schön aufgeputzet, ihre liebkosen-
de Gespräche anfangen, und ihre Liebesdienste
anbieten.

An allen Orten trift man auf den Anhöhen,
und in den Thälern viele Wohnungen der Indianer
an, die hin und her vertheilet auf ihren Landgütern
leben, und über ihre Viehzucht Vorsorge tragen,
weil

weil in diesem ihre Nahrung und Reichthum bestehet.
Die Mannsleute von indianischem Geblüte, wenn sie
18 Jahre haben, müssen jährlich dem Könige von
Spanien einen Tribut von 5 bis 7 Thalern bezahlen, bis auf das funfzigste Jahr, da sie dann wiederum davon befreyet sind. Die Weibsleute sind
völlig frey. Von diesem Gelde unterhält der katholische König in diesem Reiche sowohl geistliche Lehrer
als weltliche Richter. Drey Tage nach meiner Abreise von Lima kam ich in die Gegenden der Stadt
Guanca Belica, *) so nicht weit von dem Marktflecken oder kleinen Städtlein Oropesa entfernet ist.
Diese Stadt ist nicht groß, und hat auch ein schlechtes Ansehen von außen; doch ist sie sehr berühmt, wegen des vielen Quecksilbers, welches allda in den
umliegenden Bergen gegraben wird, und jährlich der
königlichen Schatzkammer ein grosses einträget.
Zwanzig oder 30 Stunden davon, gegen Lima zu, befinden sich zwischen den Bergen etliche kleine Seen,
welche das ganze Jahr hindurch stark gefroren bleiben. Von dannen wird täglich nach Lima durch auf
vier

*) Man sieht in der Nachbarschaft von Guanca Belica ge-
wiße von Steinen sehr wohl ausgearbeitete Pyramiden.
Don *Antonio de Ullòa* NoticiasAmericanas ꝛc S. 340.
Im Reiche Quito findet man irdene Grabsäulen von anderer Form. M.

K

vier Stunden weit unterlegte Maulthiere viel Eiß
gebracht, wo man es Pfundweise verkaufet, damit
die Einwohner allda ihr Getränke kühl erhalten. Sie
lieben gefrorne Sachen, die sie heladas nennen, den
Magen wegen der Hitze abzukühlen. Dieser Handel
mit Eiß in Lima ist an einen Herrn dieser Stadt ver-
pachtet, welches wegen der königlichen Schatzkammer
jährlich 80000 harte Thaler bezahlet, so, daß nicht
nur Silber und Gold, sondern auch Schnee und Eiß
die Schätze der Krone Spanien in Peru vermeh-
ren.

Von diesen Gegenden machte ich mich auf,
und langte nach etlichen Tagen in dem Flecken Jauxa
an, wo ich von dem königlichen Zahlmeister sehr höflich empfangen, und drey Tage lang bewirthet wurde. Dieser Ort liegt in einem sehr angenehmen, und
an Getraide und andern Feldfrüchten sehr fruchtbaren Thale, das sich in der Länge auf 8 bis 9, in der
Breite aber auf 4 bis 5 Stunden erstrecket. Die
Witterung ist hier weder zu kalt, noch zu warm;
man hat auch niemal allda eine Erderschütterung
vermerket, daher die Unterkönige von Lima schon oft
gesinnet waren, ihre Residenz allhier aufzuschlagen,
welches aber bisher noch nicht zu Stande gekommen
ist. Auf beyden Seiten dieses Thals liegen an den
Füssen der Berge viele grosse indianische Dorfschaften,
die kaum eine halbe Stunde von einander entfernet
sind. Sie haben alle schöne Kirchen.

Von

Von Jaura setzte ich meine Reise auf Maulthieren
der Peruanischen Post nach der Stadt Guamanga
mit meinen Gefährten ganz vergnügt durch viele Indianische Dorfschaften, Marktflecken, und angenehme Thäler fort, wo wir unsere Augen ergötzen, und
um unser Geld alle Nothwendigkeiten bekommen konnten, bis wir endlich auf eine sehr gefährliche Post-
station kamen, wo wir nichts, als eine armselige indianische Hütte antrafen, in welcher ein Indianer
allein wohnte, der den Posthalter des Orts, der
sich eine Stunde davon auf seinem Landgute mit seinen Maulthieren befindet, Nachricht giebt, wann
Reisende kommen. Es war ein Glück, daß allhier
nach einer Stunde die ordentliche Post von Potosi
nach Lima mit vielen sehr mit Silber beladenen Maulthieren anlangte, welche von dannen wiederum leer
zu ihrem Orte, wo sie her kamen, zuruck geführt
werden mußten. Die Post wurde noch selbigen
Abend mit andern Maulthieren beschleuniget, wir
aber ruheten noch selbige Nacht hier aus, damit auch
die armen Maulthiere, die sehr abgemattet waren,
ausruhen, und auf der Heide weyden könnten. Ehe
die Nacht einfiel, kamen noch zween spanische Kaufleute mit vielen Maulthieren, die ihre Waaren
trugen, mit welchen wir sogleich bekannt wurden,
selbige Nacht und folgenden Tag aus Mangel eines
Kochs, uns selbsten unser Essen zubereiteten, und die
Nacht mit Gesprächen aufgemuntert zubrachten.

K 2 Den

Den andern Tag nach genommenem Frühstücke setzte ich mit meinen Gefährten die Reise fort; die zween
Kaufleute aber musten sich noch etliche Stunden aufhalten, bis ihre Maulthiere, deren sie viele vonnöthen hatten, mit ihren Gütern beladen wurden. Sie
holten uns noch ein, da wir uns eben auf die
unsrigen setzten, den vor uns liegenden sehr hohen,
und höchst gefährlichen Berg noch vor Nachts zu
übersteigen, und wollten uns noch selbige Nacht folgen, wenn ihre Maulthiere frühzeitig in dem Marktflecken eintreffen würden. Sowohl der Wirth, als
der Indianer, der uns führte, mißrieth ihnen diese
Vermessenheit wegen des gefährlichen Weges über
den Berg, der bey nächtlicher Zeit mit größter Lebensgefahr zu übersteigen ist. Wir liesen sie in dem
Orte zurück, setzten unsre Reise fort, und da wir
in der Mitte des Berges waren, sahen wir sie von
ferne mit allen ihren Maulthieren nachkommen. Der
Indianer, der uns führte, jammerte, und sagte, daß
diese Nacht schwerlich ohne Unglück vorbeygehen werde, welches dann auch geschah, da einer von diesen
Kaufleuten wegen der Finsterniß der Nacht von einem Felsen mit dem Maulthiere hinab stürzte, und
Hals und Beine brach, wie uns solches der andere
nachmals weinend erzählte.

Nach diesem Unglücke unsers lieben Reisegefährten, langten wir nach 5 Tagen zu Guamanga an.
Dieses ist die Hauptstadt einer kleinen Landschaft
oder

oder Corregimientes, wo es viele Gold- und
Silber- und Kupferminen giebt, und ist zugleich der
Sitz eines Bischofs und Gouverneurs. Sie liegt
zwar etwas hoch, hat aber in der Höhe eine schöne
weite Ebene auf etliche Stunden. Sie ist nicht
groß. Auf dem Markte, der in der Mitte der
Stadt sich befindet, stehet die Domkirche, außer
welcher auch noch andere Pfarrkirchen, und Ordens-
klöster gefunden werden, nebst einem Nonnenkloster
der heiligen Theresia, so fast außer der Stadt liegt.
Sie hat schöne Häuser und Gebäude, auch lange
und breite Gassen, ist aber ein offener Ort ohne
Mauern, wie fast alle andere Städte dieses Königreiches sind. In ihren Thälern ist es etwas warm;
sie hat vieles Getraide und andere Früchte, es werden auch in ihren Gegenden viele Zuckerrohre angebauet. Gärten und Felder werden mit hohen und
dicken Hecken umgeben, welche dicke und breite
Blätter haben, die voll spitziger Dornen, gleich
spitzigen Nadeln, stecken. Diese allda fast an allen
Orten von selbst wachsende dicke Dornhecken nennen
sie Tunales, wegen der sehr guten und gesunden
Frucht, so Tuna genennet wird. Sie wächset
oben aus dem dicken dornichten Blatte ohne Stiel
heraus, wo zuvor eine gelbe Blume, da der Tunal
blühete, gestanden ist. Sie ist länglicht, und dick,
wie eine mittelmäßige Gurke, hat außen eine glatte,
dicke, und grüne Schälfe. Wenn sie weich, und

zeitig

zeitig ist, wird sie von dem dicken Blatte abgeriffen,
und die Länge hinab mit einem Messerchen eröfnet,
wo man alsdann ganz leicht die dicke Schälfe abnehmen, und die Frucht essen kann. Sie ist sehr
frisch und kühlend, daher sie auch zur Zeit der starken Sonnenhitze mehrentheils genommen wird, um
den Durst zu löschen. In dieser Stadt muste ich
mich acht Tage lang aufhalten, wegen Mangel der
Indianer, die uns auf der Reise begleiten sollten:
denn da wir am Sonnabende vor dem Feste der heiligen Dreyfaltigkeit und des Frohnleichnams allhier
anlangten, welche zween Festtage sowohl von
den Spaniern, als Indianern feyerlich begangen
werden, konnten wir niemand, auch durch gute Bezahlung überreden, uns zu begleiten, bis die 8 Tage dieser Feyerlichkeit verflossen waren. Es wurden
auf dem Markte in der Mitte der Stadt, wo viele
prächtige Gerüste für die Zuschauer aufgerichtet waren, Stiergefechte gehalten. Diese Thiere wurden
frühmorgens von den Heiden, wo sie geweidet werden, in die Stadt auf den Markt in eine von Brettern gemachte Stallung gebracht. Von dannen wurde nach zwölf Uhr einer nach dem andern auf den
Markt, der sehr lang und breit ist, herausgelassen.
Damit der Ochs sehr wild, und rasend werde,
binden sie ihm an die zwey Hörner und an
den Schwanz Raketchen und Schwärmer, die sie
bey der Stallthüre anzünden, dadurch wird der Stier

tobend

tobend, und rasend. Alsdann tretten einige sowohl
zu Fuß, als zu Pferde mit Spiesen oder Degen in
den Markt hinein, rufen mit einem Tuche oder Mantel den rasenden Ochsen zu sich, der wie eine Furie
auf sie los gehet, und wenn sich einer nicht sehr in
Obacht nimmt, kann er leichterdings von dem wü-
thenden Thiere durch und durch gestossen, und ge-
tödtet werden, wie es dann mehrmalen geschieht.
Es sind diese Tage hindurch bey dieser Lustbarkeit
neun Menschen also elend um ihr Leben gekommen,
ohne diejenigen, die sehr verwundet wurden. Es ist
zwar dieses Ochsenturnieren von dem römischen
Stuhle mehrmals unter einem scharfen Kirchenbanne
verbotten worden, allein es half nichts, so daß man
endlich gezwungen worden, wegen des Uebermuths,
und Frechheit dieses Volks, durch die Finger zu sehen. Bey diesen Stiergefechten satteln sie bisweil-
len einen Ochsen gleich einem Pferde, auf welchen
sich ein Indianer setzet, und auf dem Markte herum-
reutet, wenn auch der Ochse noch so rasend hin und
her läuft, so sitzt der Indianer doch so fest im Sattel, daß er ihn nicht aus demselben hebet, bis er
ganz ermüdet zur Erde fällt, wo sich dann der
Indianer geschwind herunter macht, und davon läuft.
Nach vollendetem Ochsenturniere traten mehr als
hundert Indianer auf den Markt in ihrer ehemaligen Kleidung, die ihren König (Inca) unter einem
Throne auf ihren Schultern zu dem Hause, wo

K 4 der

der Gouverneur bey dem Fenſter ſtund, trugen, wo
alsdann der verkleidete Inca eine ſchöne Anrede hielt.
in welcher er ſich wegen der großen Luſtbarkeiten
bedankte, die ihm der Gouverneur dieſe Tage über
machen laſſen.

Nach vollendeter Feyerlichkeit ſetzten wir unſere
Reiſe auf Maulthieren der Peruaniſchen Poſt fort,
welche ein Graf, der zu Lima wohnet, in dem ganzen Königreiche unterhält, und deswegen dem Könige von Spanien jährlich hundert tauſend harte
Thaler bezahlet. Wir langten nach drey oder vier
Tagen in dem Thale Apurima an, durch welches
ein groſſer ſehr reiſſender Fluß rauſchet, über
welchen wir auf einer von Stricken gemachten
Brücke, von welcher ich oben ſchon Meldung
gethan, ſetzen muſten. Dieſes Thal iſt ſehr hitzig
und voll Schnacken, die den Reiſenden ſehr über-
läſtig fallen, weil ſie Hände und Geſicht ſehr übel
zurichten, wie wir dann ſolches genugſam erfahren
haben, bis wir folgenden Tag wieder auf die Anhöhe in ein groſſes indianiſches Dorf, Chincheros
genannt, kamen, wo das feinſte Pulver gemacht
wird. Nach ſehr vielen durchgereiſten Dorfſchaften
und Marktflecken kamen wir nach 12 Tagen nach Pa-
chachaca, einem ſehr groſſen Meyerhofe der Jeſuiten, wo jährlich ſehr viel Zucker gemacht wird.
Wir wurden allda von dem Verwalter des Hofs,
der ein Prieſter war, ein ganzes Monat auf das
lieb-

llebreichefte unterhalten, und langten nach drey oder
vier Tagen in einer sehr groſſen Dorfschaft an, so
Moljemolje genennet wird.   Gleich bey dieſem
Orte übernachteten wir in einem andern Meyerhofe
unſers Ordens, wo ebenfalls der feinſte Zucker gemacht wird.   Folgenden Tag kamen wir an den
Fluß Pampas, der tief, breit, und ſehr reiſend
iſt. Ueber dieſen ſetzten wir auf einer von Stricken
zuſammgeflochtenen Brücke; ich aber muſte mich von
einem Indianer bey der Hand hinüberführen laſſen,
weil ſich die ganze Brücke beſtändig gleich einer Wie-
ge bewegte. In dieſen Gegenden habe ich bey den
Anhöhen des Fluſſes viele Aloenbäume angetroffen,
deren viele blüheten, viele aber nicht. Sie werden
hier Makey genennet, und wenig geachtet, weil ihr
Holz ſehr weich, leicht und zu vielen Sachen nicht gebraucht werden kann.

Wir kamen endlich zu den Gegenden der Stadt
Cuzco oder Cozco. Es ſtehen da an vielen Orten
noch alte Paläſte der Incas, welche zur Verwunderung in die Augen fallen, wegen der ſehr groſſen
und wohl ausgearbeiteten Steine, die ohne Kalch
ſo gut, und feſt aufeinander liegen, daß ein jeder
Europäer billich ihre Baukunſt rühmen muß. Man
ſieht ebenfals an vielen Orten auf den kleinen Anhöhen herrliche Grabſtätten, (Guacas), wo die
adeliche Indianer begraben liegen. Sie ſind artig
von künſtlich zuſammgelegten Steinen ins Viereck

K 5   gebau-

gebauet, und haben auf allen Seiten drey oder vier
Ellen in der Breite, in der Höhe aber drey bis sechs;
oben sind sie flach mit Steinen zugemacht. Auf der
Seite gegen Sonnenaufgang ist ein kleines Thürlein,
so offen stehet, in welchem der todte Indianer in einer Nische sitzet. Die meisten von diesen Grabstätten sind von den Spaniern niedergerissen worden,
theils wegen des Goldes und Silbers, so sie zuweilen darinnen fanden, theils wegen der guten und artig gearbeiteten Steine, die sie zu andern Gebäuden
verwendeten. Wir langten nach zween oder drey Tagen in der Stadt Cuzco selbst an. Diese ist unter
den Peruanischen Bergstädten die berühmteste, da sie
ehedessen der Sitz der Incas, oder Kaiser von Peru, war, allwo die Spanier einen unzählichen Schatz
von Gold und Silber gefunden haben. Sie wird
in Ober- und Nieder Cuzco eingetheilet, und liegt
zwischen Bergen in einem angenehmen Thale, das
sich lang hinaus strecket, und worinn sehr viele gute Früchte wachsen. Sie ist sehr groß und zierlich
erbauet, pranget mit herrlichen Gebäuden, und zeiget noch viele Sachen des Heidenthums, welche
würdig sind, gesehen zu werden. Sie hat einen Bischof, und rühmet sich zwoer Universitäten, deren
einer die Weltpriester, der andern die Unsrigen vor-
stunden. Die Dom- und Jesuiterkirche, die auf
dem Markte samt einem Universitätshause stehen,
und denselben über die maßen zieren, übertreffen die

zu

zu Lma, ja fie würben einer jeben Stabt in Europa
eine Zierbe machen. Denn ba man bafelbft gar fel⸗
tene und ſehr geringe Erderſchütterungen verſpü⸗
ret, ſo ſind die Gebäude von gehauenen Steinen
koſtbar aufgeführet. Der Markt, der in der Mit⸗
te der Stadt ſich befinde war ehedeſſen zu den
Zeiten der Incas mit einer goldenen Kette zweymal
umgeben, deren Ringe ſo groß und ſchwer waren,
daß an einem jeden derſelben ein Indianer zu tra⸗
gen hatte. Dieſe vergruben die Indianer bey der
Ankunft der Spanier in die Erde, und iſt noch nicht
entdecket worden, ſo viel Mühe auch dieſe ſich ſchon
gaben, ſie zu finden. Die unterirdiſchen Krüfte,
deren es in dieſer Stadt viele gibt, und welche alle
den Spaniern verborgen ſind, halten große Schätze
in ſich. Es iſt nicht möglich, ſie von einem Indianer
zu erfahren, wenn er ſie auch wohl zu finden weis,
ob man ihm ſchon ich weis nicht was für Reich⸗
thümer verſprechen wollte. Denn ſie haben ſich un⸗
ter einander verſchworen, die Schätze ihrer Vorål⸗
tern ſo zu verwahren, daß ſie von den Spaniern
niemals könnten hinweg geſchnappet werden. Eben
dieſes thun ſie mit den alten Gräbern, wo öfters
viel Gold und Silber vergraben liegt. Sie laſſen
ſich auch nicht überreden, die Gold⸗ und Silber⸗
minen den Spaniern zu eröfnen, und wenn ſie eine
auf den Bergen finden, überſchütten ſie ſolche mit
vielen Steinen, und andern Sachen, damit ſie von
aussen

auſſen nicht könne wahrgenommen werden. Denn
ſie fürchten, ſie würden alsdann von den Spaniern,
dieſelbe zu bearbeiten, angehalten. Nebſt dieſem geben ſie vor, es wären ihnen mehrmalen
fürchterliche Geſpenſter erſchienen, die ihnen den
Tod androheten, wenn ſie ſich unterfangen würden, dieſe Schätze der Erden den Spaniern zu
entdecken. Die Stadt Cuzco hat etliche Pfarrkirchen und unterſchiedliche Frauen- und Mannsklö-
ſter, die ſowohl wegen der reichen Perſonen, als
ſchön erbauten Gebäude und Kirchen berühmt ſind.
Der Tempel, in welchem die Heiden ehedeſſen die
Sonne verehrten, iſt anjetzo von ſeinem Unflathé
gereiniget, und erſchallet in ſolchem heut zu Tage
das Lob des wahren Gottes, da er zu einer Kirche, ſamt einem herrlichen Kloſter, den Vätern
des Predigerordens überlaſſen worden. Der Palaſt und die Wohnung der Incas, wurde zu einem Collegio der Jeſulten beſtimmt, welches wegen ſeiner Größe ſehr prächtig auf dem Markte da
ſtehet.

Man ſagt, in dieſem liege ein unermeßlicher
Schatz von Gold und Silber vergraben, den ſie den
Schatz der Incas nennen; man hat ihn aber bisher noch nicht gefunden. Eine adeliche Indianerinn, in welche ein ſpaniſcher Graf viele Jahre
verliebt war, gab ihm die gewiſſeſten Zeichen an,

wo

wo er in dem Garten der Jesuiten die Erde aufgraben, und die Steine aufbrechen lassen müsse,
wenn er den sichern Eingang in die unterirdische
Gruft, wo der große und reiche Schatz der Incas verwahret ist, finden wollte. Der Graf bekam von dem Unterkönige zu Lima die Erlaubniß,
und da er bey dem von der adelichen Indianerinn
angezeigten Orte anfieng, die Erde aufgraben zu
lassen, fand er alle von ihr gegebene Kennzeichen
sicher und richtig. Als aber die Jesuiten besorg-
ten, es möchte der ganze Flügel oder Gang des
Hauses großen Schaden leiden, ja durch das tiefe
Graben vielleicht völlig zusammenfallen, ließen sie
eine Bittschrift an den Unterkönig ergehen, und begehrten, der Graf sollte zuvor bey dem Corregidor
der Stadt so viele tausend Thaler niederlegen, als
vonnöthen wären, den Gang oder Flügel von neuem
zu erbauen, wenn derselbe durch das Graben Schaden leiden oder einfallen würde, allein der Graf
wurde durch dieses abgeschröcket, und ließ von dem
angefangenen Werke ab. Man sieht unten in dem
Garten noch heut zu Tage den Baum, der eine
weisse große becherähnliche Blume trägt, die Stufen, die zu einer frischen hellen Brunnquelle, die
mit einem kleinen Gewölbe eingefasset ist, führen,
und andere steinerne Staffeln, die von dannen weiter in eine unterirdische Gruft führen, welche sehr
sichere, und gewisse Merkmaale die adeliche India-

nerinn

nerinn oder Fräulein, die man hier zu Lande Bisnias
nennet, ihrem geliebten Grafen eröfnet hatte, den
reichen und großen Schatz der Incas zu heben.
Ich selbst bin etlichemal hinabgestiegen, und habe
in dem untern Gange mit dem Fuße auf die Erde
gestoßen, wo ich aus dem Wiederhalle, der etliche
Minuten daurete, wahrnahm, daß alles unten
hohl, und voller Grüfte seyn müsse.

Die schöne und prächtige Pforte des Hauses
und der Kirche der Jesuiten, wie auch des großen
Universitätshauses, fallen wegen ihrer wunderschö-
nen Bauart, sehr in die Augen.

Es sind noch drey andere Häuser der Jesuiten
in dieser Stadt, nämlich das Haus des ersten
Probierjahrs, das Haus des heiligen Bernhards,
wo die spanische Jugend in den freyen Künsten und
guten Sittenlehren unterrichtet wird, und endlich
das Collegium des heiligen Borgia, wo die adelichen Indianer sowohl in Glaubenslehren, als andern Wissenschaften unterrichtet werden. Alle diese
Häuser, wie auch die übrige, die unser Orden in
diesem Reiche besaß, sind mit sehr vortreflichen
Bibliotheken versehen.

Gegen der Stadt Cuzco über ist ein Berg, auf
welchem die Festung der Incas liegt, welche billig

ein

ein Wunder der Welt zu nennen ist. Sie hat über-
aus hohe Mauren, die aus ungeheuren Steinen zu-
sammengefüget sind. Ein jeder Stein macht in der
Länge und Höhe ein halbes Stockwerk, und in der
Breite fast ein Viertel der Mauern aus. Alle
Steine sind so künstlich zugerichtet, und ohne allen
Kalch so gleich zusammen gesetzet, daß ich in der
Welt ein ähnliches Werk nicht zu seyn glaube.
Diese so berühmte und schöne Festung des peruanischen Alterthums wird von den Spaniern völlig
vernachläßiget; da sie doch die ganze Stadt Cuzco
wider alle feindliche Anfälle zu beschützen, sehr wohl
lieget. Man hat allda alle Gassen, Höfe, und
Gärten in den Augen, und kann alle Feinde mit
grobem Geschütze zu Grunde richten.

Es sind in dieser Festung zwo große unterirdische Grüfte, die sie Chincanas nennen. In eine
derselben kroch ich durch die schmale Oefnung, so
durch einen Felsen gemacht ist, und sah mit Verwunderung, wie schön, artig und künstlich, der Felsen gleich einem großen und breiten Felsenkeller aus-
gehauen ist. Ringsherum sind viele Sitze in den
Felsen hineingebauen, wo sehr viele Personen bey
starker Sonnenhitze sich abkühlen können. Oben
fällt das Licht durch eine Oefnung hinein. In die
andere habe ich es nicht gewaget, hinein zu gehen,
weil man mich versicherte, daß diese Gruft so tief
und

und weit unter der Erde fortlaufe, daß sich bisher noch niemand unterstanden, das Ende derselben zu suchen.

Cuzco ist mit vielen schönen Meyerhöfen, fruchtbaren Feldern, und angenehmen Gärten versehen, die sehr schöne und wohlriechende Blumen, herrliche Obstfrüchte, und andere nußbare Feldgewächse das ganze Jahr hindurch im Ueberflusse hervorbringen; obschon die Himmelswitterung zu Zeiten etwas rauher ist, als zu Lima. Durch die Mitte der Stadt fließet ein kleiner Fluß, den sie Quaranay nennen. Dieser läuft zu Zeiten so, daß er von den Bergen die größten Steine mit herab und fortwälzet. Etliche Tagereisen von Cuzco hält sich hinter dem hohen Gebirge ein indianischer König auf, den zwar die Spanier einen Rebellen heisen, der sich aber den rechtmäsigen Herrn und König von Peru nennt, und vorgiebt, er führe sein Geschlecht von dem Geblüte der Incas, oder alten Könige her. Ob er nun aus diesem königlichen Stamme, wie er sagt, hersprosse, lasse ich dahin gestellet seyn. So viel weis man doch, daß er vor etlichen Jahren als ein adelicher Jüngling in der Stadt Cuzco in dem Hause des heiligen Borgia auferzogen, und in den Wissenschaften unterwiesen worden, wo er jederzeit Anzeichen eines großen Geistes von sich gab, ohne daß er sein hohes Herkommen jemals jemand geoffenbaret hätte. Er hat fast alle herumliegende Helden (Maran Cochas)

Cochas) unter welchen er wohnet, und deren Zahl
unendlich groß ist, schon an sich gezogen, und folgen
solche seinem Befehle und Wink. Da er nun das
ganze Königreich Peru mit aller Gewalt suchet s_re-
chend, es sey solches von den Spaniern ungerechter
Weise seinen Anherren geraubet worden, so hat man
billige Ursache zu befürchten, er möchte etwann, wie
er solches schon etlichemal gethan, bey guter Gelegenheit hinter seinen Bergen hervor brechen, das
ganze Peru mit einem erstaunlichen Kriegsheere über-
schwemmen, und solches sich unterwürfig machen,
zumal da die Spanier hier zu Lande sehr wenige
oder gar keine regulirte Soldaten und Festungen haben, und also seiner Macht sehr schwer würden Widerstand thun können. Dazu kommt noch, daß die
neubekehrte Indianer des spanischen Jochs sehr über-
drüsig, und wohl die ersten seyn könnten, die sich
freywillig zu diesem indianischen Könige schlagen,
und auf seine Seite häufig überlaufen würden. Auf
Befehl des Königs Ferdinands VI wurden von dem
Unterkönige zu Lima, Don Joseph Manso, Conde
de Superunda, vor etlichen Jahren zween Jesuiten,
die mir diese Geschichte mündlich mit allen vorgefal-
lenen Begebenheiten erzählet haben, über diese Gebirge zu diesem indianischen Könige abgesandt, um
zu sehen, was er für Verfaßungen allda führe und
habe. Da sie nun zu Tarma ankamen, so eine
Grenzfestung ist, wo gleich jenseits des Flusses die

Landſchaft dieſes indianiſchen Königes anfängt, ſagte ihnen der allda ſich befindende Corregidor, ſie
ſollten ſagen, ſie wären Abgeſandte vom römiſchen
Papſte: denn er wüſte gewiß, daß der Apu *) Inca, oder König, ein katholiſcher Chriſt ſey, mithin er
ſie gewiß vor ſich laſſen würde. Die zween Jeſuiten bedienten ſich dieſes guten Rathes, und da ſie
an den Fluß kamen, riefen ſie in indianiſcher Sprache hinüber, daß ſie im Namen des römiſchen Pap-
ſtes mit dem Apu Inca zu ſprechen verlangten. Folgenden Tag kam frühzeitig die Antwort, ſie ſollten
über den Fluß ſetzen. Da ſie ſich nun auf der andern Seite befanden, ſtunden auf den Wegen, wo
ſie durch marſchiren muſten, unzählige Indianer mit
Pfeilen und Bogen, die ſie zum Zeichen des Frie-
dens und der Freundſchaft gegen die Erde ſenkten.
Sie reiſeten etliche Tage in Begleitung vieler Indianer durch ſehr große und volkreiche indianiſche
Dorfſchaften, bis ſie endlich an den Ort gelangten,
wo der Apu Inca ſeine Wohnung hatte. Man führte ſie in das Haus, ſo ihnen der indianiſche König
zu ihrem Quartiere anweiſen laſſen; und nachdem
ſie einige Zeit von der Reiſe ausgeruhet hatten,
wurden ſie von einigen Trabanten und Bedienten vor
den Inca geführet. Dieſer empfieng ſie ganz liebreich auf ſeinem Throne. Einer der Jeſuiten, da er
ihn erblickte, erkannte ihn alſobald aus dem Ge-
ſichte,

*) Apu, Herr.

ſichte, daß er derjenige ſey, welcher ehedeſſen im
Hauſe des heiligen Borgia zu Cuzco als ein adelicher
Jüngling, von indianiſchem Geblüte eines Caziken
auferzogen und unterwieſen worden; doch ließ er ſich
nichts davon merken. Der Jeſuit hielt ſeine Anrede
in indianiſcher Sprache. Er ſagte, daß ſie von dem
römiſchen Stuhle abgeſandt worden, ſich zu erkun-
digen, ob nicht auch in dieſen Gegenden des Königs
reichs Peru das wahre Glaubenslicht könnte angezündet, und ſeine Indianer in der heiligen Lehre des
allein ſeligmachenden Glaubens unterrichtet werden.
Auf dieſes antwortete der Inca, dieſes wäre ſchon
längſt ſein Verlangen geweſen, daß ſeine Unterthanen in der Lehre des wahren Glaubens möchten unterrichtet werden, weil er ſelbſt ein katholiſcher Chriſt
ſey. Er habe zwar vor etlichen Jahren einige
Prieſter eines andern Ordens in der Nähe gehabt,
die ſolches hätten anfangen können, da ſie aber ſeine Unterthanen bereden wollten, ſie ſollten ihm nicht
Gehorſam leiſten, denn er wäre nur ein Rebell,
weil der König von Spanien allein der rechtmäßige
Herr über ganz Peru ſey, wäre er gezwungen worden, ſolche wieder weit über das Gebirge hinüber zu jagen; allein von den Jeſuiten ſollten jetzt
kommen ſo viel, als nöthig wären. Er verſprach
ihnen in allem, was dieſes Bekehrungswerk anbelanget, an die Hand zu gehen, und verſicherte ſie zugleich, daß auf ſeinen Befehl alle ſeine Untertha-

L 2

nen sich ganz willig in der wahren Glaubenslehre
unterweisen lassen würden; der Papst sollte aber
seine ungerechte Schenkung, die er dem Könige von
Spanien that, widerrufen, da er ihm das Königreich Peru übergab. Es wäre freylich der heilige
Vater von den Spaniern mit List und Betrug hin-
tergangen, und sehr belogen worden, da sie ihn versicherten, es wäre niemand mehr von dem königlichen Geblüte der Incas übrig, dem die Krone des
Königreichs Peru gebühre; denn sie vermeinten, sie
hätten durch ihre unmenschliche Grausamkeit, die sie
an seinen Vorältern ausgeübet hatten, auch alle
Zweige des königlichen Stammes ausgerottet, und
gänzlich vertilget; allein sie hätten sich in ihrer Meinung sehr geirret: denn er habe noch vier Prinzen.
Nachdem sich diese zween Jesuiten acht Tage lang
allda aufgehalten, und täglich mit dem Inca vieles
gesprochen, reiseten sie wieder über das Gebirge
nach Lima, wo sie die ganze Begebenheit ihrer Reise schriftlich aufsetzten, und dem Unterkönige über-
gaben, der diesen Bericht alsobald nach Madrid an
Ferdinand VI. überschickte. Dieser Monarch ließ
nachher einen königlichen Befehl nach Peru ergehen,
daß künftig weder ein Jesuit, noch ein anderer Or-
densgeistlicher sich mehr unterstehen sollte; zu diesem Rebellen zu gehen, um die allda sich befindende
heidnische Völker in der wahren Glaubenslehre zu
unterweisen. Beyde Jesuiten, mit welchen ich neun

Monate zu Lima Umgang hatte, versicherten mich,
sie hätten in diesen Gegenden in den Dorffchaften
unzählische Indianer angetroffen, und könnte man nicht
wiffen, wie weit sich diese Landschaft in die unb-tann-
ten so genannten Amazonenländer hinein erstrecken,
wo sich schon alle allda befindliche Heiden diesem
Inca unterworfen haben.

Nach verflossenem Monate meines Aufenthal-
tes zu Cuzco, setzte ich meine Reise fort, und fand
nach etlichen Tagen den Weg ganz eben, und zum
Reisen sehr bequem. Denn sobald man die Peruanischen Berge überstiegen hat, so scheinen die folgenden Provinzen eine ganz andere Landschaft zu
seyn. Man sieht auf mehr als zwey hundert Stunden nicht einen einzigen Baum, sondern alles ist
voll Heiden, wo so wohl auf der Ebene, als auf
den Anhöhen und Hügeln unzähliches indianisches
und europäisches Vieh geweydet, und gezogen wird.
Nach drey Wochen, nachdem ich durch viele sehr
große indianische Dorffchaften und Meyerhöfe ge-
reifet war, langte ich zu Puno an, wo der große
See Titicaca, der einem Meere gleichet, seinen
Anfang nimmt. Diese Stadt wird so wohl von
Spaniern, als Indianern bewohnet, hat eine überaus schöne von Quadersteinen gebaute Pfarrkirche,
prächtige Häuser, und einen Corregidor. Sie liegt
an dem Fuße eines hohen Berges, Cancharani genannt, aus welchem schon viele Jahre her, und noch

täglich

täglich viel Silber gegraben wird. Diese Silbermine ist auf folgende Art entdecket worden. Ein
von Spanien in diese Landschaften gekommener adelicher Jüngling wollte zu Potosi bey seinen Anverwandten sein Glück suchen; wurde aber auf der Reise sehr gefährlich krank, so, daß er mit harter Mühe diesen Ort Puno lebendig erreichte. Er kehrte
allda in dem Hause einer Indianerinn ein, die eine
Wittwe war. Diese nahm ihn mit großer Liebe auf,
und verpflegte ihn in seiner Krankheit, wie eine
Mutter ihren Sohn. Da nun der spanische Jüngling durch so gute Verpflegung seine vorige Gesundheit wiederum erhalten hatte, wollte er sich aus
Dankbarkeit mit der einzigen Tochter der Indianerinn verheurathen, um allezeit bey einer so liebreichen
und dienstwilligen Mutter zu verbleiben. Die
Spanier, welche solches in dem Orte merkten, miss-
riethen auf alle Weise und Wege dem Jüngling diese Heurath, weil es sowohl ihm, als seiner ganzen
Freundschaft die größte Schande seyn würde, wenn
er sich als ein edler Spanier mit der Tochter einer
armen Indianerin verheurathen sollte. Die Tochter
merkte solches; sie sagte zu dem Jünglinge, er sollte
sich in seiner Neigung nicht irre machen lassen, es
würde ihn gewiß die Heurath mit ihr niemal gereu-
en; denn sie verspreche ihm sicher, daß sie ihn in
kurzer Zeit zu einem reichen Manne machen wollte,
er sollte nur mit ihr spatziren gehen, und nachdem
sie

sie sich an einem gewissen Orte würde niedersetzen, sollte
er denselben wohl merken, alsdann einige getreue
Indianer mit sich heraus nehmen, und graben lassen, er würde allda eine sehr reiche Silbermine entdek-
ken. Der Spanier glaubte dem Mädchen, merkte
den Ort wohl, wo sie sich niedergelassen, ließ allda
Steine ausheben, und fand sogleich die reiche Silbermine. Diese zeigte er alsobald dem Gouverneur an, und
erhielt die Erlaubniß, sie auf seine Kosten zu bearbeiten.
Er verheurathete sich mit der Indianerin, und fieng
die Arbeit mit so glücklichem Fortgange an, daß er
in kurzer Zeit ein sehr reicher Mann ward. Von
Puno gelangte ich mit meinem Gefährten am folgenden Tage zu Chucuito an, und wurde von dem
Corregidor des Ortes sehr höflich empfangen, der
uns beyde in seinem Hause drey Tage lang sehr wohl
bewirthete. Dieser Ort ist die Hauptstadt der Provinz gleiches Namens. Sie ist gar nicht groß, hat
aber ehrbare Häuser, breite Gaßen, und zwo große
Pfarrkirchen. Sie liegt auf einer kleinen Anhöhe, nahe bey dem großen See Titicaca. Es befindet sich allda eine königliche Schatzkammer, wo die
Silberstangen, so sie Barras nennen, von dem Silber gegossen werden, welches sowohl in dieser, als
in der Provinz von Paucarcolla aus den Silberminen gegraben, und reichlich gearbeitet wird.

Von

Von da ſetzte ich meine Reiſe über Acora, und
Hilabe, zwo ſehr große indianiſche Dorfſchaften
fort, und langte endlich den 22ſten Auguſt in meiner Mißion zu Juli friſch und geſund an. Dieſe
ſtehet unter dem Gouverneur von Chucuito, der den
Indianern das Recht ſprechen, und ihre Klagen und
Streitigkeiten in weltlichen Dingen ausmachen muß.
In geiſtlichen Sachen iſt ſie dem Biſchofe von Paz
unterworfen, welche Stadt 40 Stunden davon entfernet iſt. Sie ſtehet an der Landſtraſſe, welche
nicht allein von den Reiſenden in Peru, ſondern auch
von denjenigen, die aus Paraguay nach Peru reiſen, ſehr ſtark betreten wird. Man giebt hier
den Fremdlingen nur dreytägigen Aufenthalt, nach
deren Verflieſſung ſie ihre Reiſe fortſetzen müſſen;
ſollte aber einer von den Reiſenden in eine Krankheit fallen, wird er allhier in das Spital gebracht,
wo man ihn ſowohl mit Speiſe und Trank, als auch
mit leiblicher und geiſtlicher Arzney verſorget. Dieſe Mißion oder Dorfſchaft Juli liegt auf einer Anhöhe nahe an dem großen See Titicaca, zwiſchen
vier hohen Bergen, welche die ganze Dorfſchaft der
Indianer umgeben, und einſchränken, deren der
eine Ulla, der andere Caracollo, der dritte Sapa-
collo, und der vierte Suilpucara genennet wird.
Dieſer letztere iſt der größte und höchſte, und iſt
von der Mitte an bis faſt an die Spitze mit vier
dicken und hohen Mauern ringsherum umgeben,
zwi-

zwischen welchen die Indianer viele Felder haben, wo sie Erdäpfel und Quinoa bauen. Die Mauern sind schon an vielen Orten zusammen gefallen. Dieser Berg war die Festung der uralten heidnischen Indianer, wo sie sich dem fünften Inca, Capac Yupanqui, der sie unter seine Bothmäßigkeit bringen wollte, viele Jahre sehr stark und tapfer widersetzten, bis er sie endlich durch eine grausame List, die seine Heldenthaten ziemlich verdunkelt, überwunden, und unter sein Joch gebracht. Alle vier Berge haben oben auf der Spitze ein großes und hohes Kreuz, die ein frommer Priester aufrichten ließ.

Diese vier Berge sind nebst einem andern, der nahe zwischen zweyen derselben liegt, und Yacari heißt, mit vielen reichen Silberadern und Minen gespicket, wo ehedessen sowohl die heidnischen Indianer, als Spanier viel Silber ausgegraben haben.

Der Ort der Mißion ist zugleich eine große Dorfschaft, wo nur Indianer wohnen, hat lange gerade Gassen, und in der Mitte einen viereckigten großen und breiten Markt, wo die Indianerinnen an Sonn- und Feyertagen ihre Waaren verkaufen. Es sind allda vier schöne Kirchen, die von Stein wohl erbauet, auch mit sehr vielem von Gold und Silber gemachten sehr reichen Kirchengeräthe versehen sind, mit welchem an hohen Festtägen

die

die Altäre von unten bis oben bedecket werden.
Sie prangen mit ſehr reichen und koſtbaren prieſter-
lichen Kleidungen von Brocat.   Inwendig ſind die
Kirchen mit großen und guten Gemälden ausgezieret, deren jedes ein Kunſtſtück genennet werden
kann.   Sehr künſtlich aus Holz geſchnitzte Bildſäu-
len ſtellen den Heiland an der Säule, wo er ge-
geiſſelt wurde; wie er das Kreuz trägt; wie man
ihn von dem Kreuze herabnimmt; nebſt den Bild-
niſſen Johannes des Täufers, des heiligen Hieronymus, und St. Franciſcus, vor.   Ob ſie ſchon
alle nur von indianiſchen Bildhauern verfertiget worden, ſo muß ich doch aufrichtig bekennen, daß ſie
ſehr künſtlich und gut ausgefallen ſind.   Dieſe vier
gemeldete Kirchen, führen folgende Titel.   Die
erſte iſt die Peterskirche, zu welcher die Indianer gehören, die man Quancollos nennet, und die Kirche des Hauſes der Jeſuiten iſt; die andere iſt die
Kirche des heiligen Kreuzes, wo im Hochaltare ein
großes Stück des heiligen Kreuzes verwahret wird,
das der heilige Borgia hieher verehret hat.   Zu dieſer Kirche gehören die Indianer, die man Incas,
Chambillas und Chinchayas nennet.   Die dritte iſt
die Kirche der Himmelfahrt der ſeligſten Jungfrau,
und gehören zu ſolcher die Indianer, ſo man Mo-
chos heißet.   Die vierte und letzte iſt dem heiligen
Johannes dem Täufer gewidmet, wo die Säulen,
die das Kreuz und den Chor der Kirche machen, ſo

künſt-

künstlich aus aschgrauem Steine gehauen, und mit vielen Blumen und Laubwerken so artig ausgearbeitet sind, daß die Durchreisenden nicht glauben wollen, daß sie von Stein, bis sie mit einem Messer die Probe machen. Es gehören zu dieser Kirche die Indianer, die man Ayancas nennet; und obschon diese sechs Geschlechter oder Stämme der Indianer, die zu der julischen Dorfschaft gehören, nur eine Sprache reden, so sind sie doch in dem Gesichte so unterschieden, daß man sogleich weis, aus was für einem Stamme sie her sind. Alle besagte und zu dieser julischen Mißion gehörigen Indianer, belaufen sich auf 10 bis 12 tausend Seelen. Vier Priester unserer Gesellschaft, welche allezeit unter ihnen wohnten, hatten die geistlichen Verrichtungen zu versehen. Auf einer nächst an dem Orte liegenden Anhöhe, stehet eine Kapelle der heiligen Barbara, welche derjenige von uns besorgte, der zugleich über die gemeinschäftlichen Güter die Obsorge trug, die in acht Landgütern bestunden, auf welchen zusammen 15 tausend indianische, und 5 tausend europäische Schaafe, nebst 80 Ochsen und Kühen gezählet wurden, über welche 50 Indianer als Hirten bestellet waren.

Von diesen Gütern wurden unterhalten: erstlich, die Armen des Orts mit täglicher Speise, auch mit Kleidung; zweytens die Musikanten, die wegen

wegen beſtändiger Beſchäftigung in den Kirchen,
wenig Zeit zum Arbeiten übrig haben, ſich zu ernähren; drittens die ſchwachen und kranken Indianer, die wegen ihrer Krank- und Schwachheit das
Jahr hindurch nicht ſo viel Geld verdienen können,
den königlichen Tribut zu bezahlen; viertens der
Schulmeiſter, der die kleinen Indianer im Leſen
und Schreiben unterrichtet, und endlich die Indianer, welche alle Jahre zu beſtimmten Zeiten
nach der Stadt Potoſi, welche von Juli 150
Stunden entfernet iſt, reiſen müſſen, um in den
Silberminen allda zu arbeiten. Es iſt auch in dieſer Dorfſchaft ein Spital, worinn die Kranken
umſonſt mit Koſt und Arzneyen verpfleget werden,
wozu die Apotheke monatlich 50 harte Thaler Ein-
kommen hat, die derjenige bezahlen muß, der das
Jahr hindurch in der Dorfſchaft Wein und Brant-
wein verkaufen darf. Die geiſtliche Jurisdiction
dieſer Mißion zu Juli, erſtrecket ſich in dem Umkreiſe auf mehr als 100 Stunden, über die rauhe-
ſten Berge, gefährliche Flüße, und unermeſſene
Heiden, wo ſich die meiſten Indianer, mit ihren
ganzen Familien in ihren Hütten und Landgütern
bey ihren Heerden aufhalten, und ihren Seelſor-
gern viele Mühe und Schweiß verurſachen: denn
wenn ſie erkranken, muß man ihnen beyſtehen, ſie
beichten zu hören, und ihnen das heilige Abendmahl,
und letzte Oelung zu geben. Wenn eine ſtarke Krankheit

helt unter ihnen einreiſſet, laſſen ſie ihre Seelſorger
faſt wöchentlich vier bis fünfmal rufen. Das
beſchwerlichſte iſt alsdann für dieſe, daß ſie
nicht allein zwo, drey, oder vier Stunden, ſondern
öfters zehn, zwanzig, und dreyſig, ja noch mehrere
Stunden reuten müßen, und dieſes auf den rauhe=
ſten Wegen, unter tauſend Beſchwerniſſen und Lebens=
gefahren. Ueber dieſes müſſen ſie das Jahr hindurch
dieſe ganze Völkerſchaft durchwandern, um ihnen zu
predigen, ihre Kinder zu taufen, und ſie in der chriſt=
lichen Lehre zu unterweiſen.

Ihre Sprache, die ſie Aymära nennen, iſt
völlig anderſt, als die Quichua, ſo die allgemeine
Sprache des Königreichs Peru iſt. Hier iſt eine
kleine Probe davon.

Santa Cruzna unañcha - pa - laycu aucanaca-
Sanctae Crucis Signum juum propter inimicos
ſsatha nanaca Keſpüta nanacan' Dio-ſsa Apuhua,
noſtros nos liberet noſtrum Deus noſter Dominus,
Auquina, yocansa, Eſpiritu - ſantonsa ſuti - pana.
Patris & Filii & Spiritus Sancti in Nomine ſuo.
Amen.
Amen.

Nanacan' Auqui - ha, halajpachan cancata,
Noſtrum Pater meus, in Caelo tu es,
ſuti ma yupaycháta cáncapa, Reyno - ma
Nomen tuum ſanctum ſit, Regnum tuum

nana-

nanacáru hutpa , munaña - ma luráta cáncapa
nobis   ueniat ,   *uoluntas tua   faſta   ſit*

halajpachansa ,   acapachansa   uc'hamáraqui.
in Coelo ,   *in terra   ſimiliter.*

ttanta - ſsa nanacáru hichuru churita, hucha-
Panem noſtrum nobis   hodie   des ,   pecca-

naca - ſsa - ſca pampacharapita, camisa hiuſ-
ta noſtra etiam nobis remittas ,   uti ,

sanaca - taqui huchachaſirinaca ſſaru pampachápj-
nos contra peccantibus   noſtris nos condo-

thua uc'hama, haniraquihua huatecañaru tin-
namus ſimiliter ,   non etiam   in tentationem   nos

cuyañahatáti, maaſca taque chiginacátha ke-
cadere ſinas ,   ſed ab omnibus periculis   nos

ſpiíta.   Amen.
libera.   Amen.

Hamppatjáma Maria, Diosna gracia - pampi
Aue   Maria, Dei   gratia   ſua

pheca - tatáhua , Dios Apu - ſsahua humampi
plena   tu es ,   Deus Dominus noſter   tecum

canqui, huarminacatha collana - tapi puraca-
eſt ,   inter mulieres benediſta es tu ,   uentris

mathsa yuriri huahua - maſca, Jeſu - ſsa col-
tui enatus ſilius tuus ,   Ieſus noſter be-

lana - raqui - pi.   Santa Maria, Diosna Tayca-
nediſtus etiam eſt.   Sanſta Maria, Dei   mater

pa, huchajtaranacá - ſsa - layeu hamppatarapita
ſua, peccatoribus   nobis pro   ora tu

hichása, hihuaña - ſsa - pachansa uc'hamaraqui.
nunc ,   mortis noſtrae in tempore   ſimiliter.

Amen.
Amen.

Wo ich ein Strichlein zwiſchen die Wörter ge=
ſetzt habe, müſſen ſolche zuſammen geleſen werden,
als wenn es nur ein Wort wäre.

Die Berge in den Gegenden dieſer Mißion ſind
von auſſen unfruchtbar, inwendig aber alle voll Sil=
bers; und doch ſind die Minen der Berge Sulipucàra,
Caracollo, Yacari, Vilanyn, Sacàta, Lurisa, Pichu, Cancàli, Sivicàni, und Harumbamba, wegen
der neu entdeckten Silberminen zu Puno und San Antonio, von den Spaniern verlaſſen worden, deren
die letztere, nämlich die zu Harumbamba ehedeſſen
dem Könige von Spanien drey Millionen harte Tha=
ler in drey Monaten eingetragen, wie ſolches noch
in den Rechnungsbüchern der königlichen Schatzkam=
mer in Chucuito zu leſen iſt, wo die Silberſtangen
oder barras von dem zu Harumbamba gegrabenen
Silber ſind gegoſſen worden. Dieſe Silberadern ga=
ben ſo lange reichliche Ausbeute, bis zween Gouver=
neurs, die rechtmäßige Herren durch ungerechte
Strittigkeiten weggebiſſen, die nachmals ſolche fort=
graben lieſen, aber ihr eigenes Geld unnütz hinein=
ſteckten, und ſo lange da arbeiteten, bis ſie völlig ver=
armet, und die tägliche Koſt bey den Jeſuiten zu
Juli ſuchen muſten. Ich habe zu meinen Zeiten
allda beyde arm und elend in die Ewigkeit gehen
ſehen.

Ich

Ich will noch ganz kurz beschreiben, wie man
hier zu Lande von den aus den Minen gegrabenen
Stufen das Silber heraus ziehe. Es gibt einige,
in welchen man schon das weise und harte Silber
von auffen siehet, welche sie plata blanca nennen;
andere aber gibt es, die das Silber, so sie in sich
haben, von auffen nicht sehen laffen, aber doch daran sehr reich sind, deren einige man pomillos roncos
heißt. Alle diese Steine werden von den Bergwerken in die Silbermühlen, oder Fabriken, die sie
hier zu Lande Trapiches nennen, geführet, wo sie
unter einem groffen, runden Mühlsteine, welchen das
Waffer durch das Mühlrad herumtreibet, zu kleinen
Sandkörnchen zermahlet werden. Dieser Silbersand
wird nachgehends mit dürrem Reisig in einem Backofen gebrannt, und hierauf mit der Asche auf einen
mit Steinen dick gepflasterten Hof gebracht, wo man
ihn mit Waffer, wie einen Leimen anmachet, und
in unterschiedliche kleine Bretlein, gleich den zarten
Beeten abtheilet. Hierauf werden nach etlichen Tagen diese Silberbeetlein mit Salz vermischet, so viel
als es vonnöthen ist, mit Waffer wiederum zu
Letten gemacht, und etliche Tage hindurch von einem
Indianer mit den Füffen zusammen getreten. Wenn
man glaubet, das Salz hätte den Silbersand wohl
durchbiffen, so wird in das Silberbeetlein so viel
Queckfilber, als man vonnöthen zu seyn achtet, geschüttet, und, wie zuvor, mit den Füffen von einem
Indiа-

Indianer wohl zusammengetreten; nachmals lässet
man das ganze Silberbeetlein ruhig mit dem Quecksilber so viele Tage stehen, als man erachtet, daß es
schon alles Silber an sich gezogen habe, da dann solches mit Letten und Sand zusammen gefasset,
in einen steinernen Trog geschüttet, und mit Wasser,
über abhängs gelegten ledernen Häuten, die in der
Mitte eine kleine Tiefung haben, gesäubert wird.
Denn das oben von der Rinne in den Trog gelassene
Wasser spület über die ledernen Häute, die wie ein
kleiner Canal geleget sind, alle Unsauberkeit hinweg,
das Queckfilber aber mit dem angezogenen Silber fällt
in die gemachte Tiefungen der Häute, und bleibet da
liegen, bis das Wasser allen Unrath abgeführet hat.
Nach diesem wird alles Queckfilber aus den Tiefungen
der Häute in einen ledernen Beutel, der unten spitzig
gemacht ist, gesammlet, den man über ein Geschirr
aufhänget, damit das Queckfilber, das nach und
nach herausschwitzt, in dasselbe tropfe; das Silber
aber bleibet wie ein Käs in dem Beutel, welcher
Silberkäs nachher mit einem Stempel in die Formen
stark hineingedruckt wird, damit er hart werde. Nach
Erhärtung des Silberkäses werden die hölzerne Formen abgenommen, die Piña (Silbermasse) aber,
denn so nennen sie die Spanier, wird auf glüende
Kohlen gesetzet, und glüend gemacht, damit das wenige Queckfilber, so vielleicht noch in dem Silber stek-
ken könnte, durch das Feuer verzehret, in die Luft

getrie-

getrieben werde, und das Silber vollkommen rein
bleibe, welches Silber sie Plata virgen oder Jung-
fernfilber nennen, weil es nunmehr ohne einigen
Zusatz oder Vermischung ist.

Außer den Silberbergen dieser Mission von Juli
finden sich auch etliche Salzberge, wo das feinste
und schneeweißeste Salz gemacht wird. Diese liegen
von Juli 10 Stunden. Sie haben auf beyden Seiten zwey kleine Dörfer, die Hisca Hayu, und Hacha
Hayu genannt werden, und zwo Kapellen, welche
Fillale von der großen Dorffschaft Juli sind. Aus
diesen Salzbergen quillt Salzwasser heraus, welches
die allda wohnende Indianer in grossen von Steinen
gemachten Gruben zusammensammlen, und damit
während sechs Monaten, da es hier niemal regnet,
die herumgeführte Mauern, und andere von Erden
gemachte Formen so lange begießen, bis das Salz,
so daran hangen bleibt, hart, und einen Finger dick
wird, wo sie dann solches nachmals von den Steinen
und Formen abnehmen, und in ihren Salzscheuern
aufheben, bis Kaufleute kommen, und es ihnen ab-
kaufen.

Die Berge, Anhöhen und Heiden dieser Gegenden bringen nebst Kräutern und Grase für das Vieh
und Schaafen fast gar keine Früchte hervor. Auf
vier Meilwegs stehet man keinen Baum, als etwann
einige Stunden, die an manchen Orten an den Anhöhen

höben und Bergen hinauf wachſen; daher man zum
Kochfeuer dürren Schaaf-und Kühmiſt, wie in Ara-
bien, gebrauchen muß, welchen die Hirten ſackweiſe
auf den Heiden ſammlen, und in den Dorfſchaften
und Städten verkaufen. Es wird zwar 20 Stunden
von Juli vieles Reiſig von denen allda häufig wach-
ſenden groſſen Stauden gemacht, welches aber nur
zum Brodbacken gebrauchet wird. Aus den kleinen
Tannenbäumen, welche 25 Stunden von Juli wachſen, brennen die allda ſich befindende Indianer Kohlen, die zu den Rauchfäſſern in den Kirchen dienen,
und allein von den Gold-Silber-und Eiſenſchmiden,
und Schloſſern gekaufet werden.

Tag und Nacht ſind auch hier einander gleich.
Zwölf Stunden von Juli liegt eine ſehr berühmte Heide, die voll indianiſcher Schaafe iſt, in dem
Umfange 9 bis 10 Stunden hat, rings herum mit
vielen indianiſchen Hütten und Meyerhöfen beſetzt
iſt, und Ay cabamba genennet wird. Der Weg
von der juliſchen Dorfſchaft, drey Stunden ehe man
dahin gelanget, führet durch eine über die maſſen
ſchöne Flußenge, die ſie Uruculcu, die Fiſchers Flußenge, nennen, den Fluß aber, der durchflieſſet, nennen ſie den groſſen Fluß Quenque. Dieſer führet
viele Fiſche mit ſich, die ſie Suches nennen, und die
unſeren Kaulruppen ſehr ähnlich, auch ſo gut, als
dieſe, zu eſſen ſind. Der Fluß iſt ſo tief und ſo breit,

M 2 als

als unser Mayn, und láuft in den fünf Regenmona-
ten so stark, und so reissend an, daß man entweder
gar nicht, oder mit höchster Lebensgefahr darüber sez-
zen kann. Was aber seine schöne und angenehme
Flußenge anbetrift, so dienet solche den Reisenden zu
einer Freude der Augen, weil auf einer Seite theils
die besten und angenehmsten Brunnenquellen aus den
Felsen heraus quellen, theils sich von den Bergen die
angenehm rauschende Bächlein herabstürzen, auf der
andern Seite aber sich von der Natur selbst gebilde-
te ungeheure Säulen, und Pyramiden befinden, welche die Kunst nachzumachen nicht im Stande ist.
Gleich bey ihrem Eingange hat sie einen hohen Berg,
auf welchem ehedessen eine sehr große Dorfschaft der
heidnischen Indianer stund. Er ist zu gewissen Zeiten
voll feuriger und heller Dünste, die aus der Erde zu
nächtlichen Zeiten hervorbrechen, und den Reisenden
Furcht und Schrecken verursachen. Man will solches den vielen Todtenbeinen, die allda häufig begraben liegen, zuschreiben; allein ich lasse dieses dahin
gestellet seyn. Nach zurückgelegter Flußenge fänget
gleich die gemeldete grosse Heide an, fast zu Ende desselben ist ein Hügel, der in seinem Umfange
etwann eine Viertelstunde hat. Dieser strudelt beständig mit siedheissem Wasser, das er aus unterschiedlichen Gängen mit einem grossen Geräusche, hervorstös-
set, als wenn man allda beständig die Trommel rühr-
te. Die Indianer fangen das Wasser auf, und es
dienet

dienet ihnen zu Gefundbädern. Unfruchtbare Weiber,
wenn fie von diefem Waffer trinken, werden bald
darauf fruchtbar, Schwache und Lahme erhalten den
guten Gebrauch ihrer Glieder, und viele werden auch
von andern Krankheiten durch diefes Waffer befreyet.
Diefer Hügel wird von den Indianern wegen feines
großen Geräufches, fo er Tag und Nacht macht,
Pojpocollo genennet, und ift immer mit Rauch um=
geben. Oben hat er zwey offene vierecfigte Löcher,
gleich zwo kleinen Seen, deren der eine mit warmen
der andere aber, der nur zween Schritte entfernet ift,
mit kaltem Waffer, gleich zween Keffeln, beftändig
ftrudelt und aufwallet. In dem warmen konnte ich
mit einer 100 Klaffterlangen Schnur keinen Grund
finden; in dem kalten aber fand ich ihn 40 Klaftern
tief. Bey diefen zwo kleinen Seen, die oben auf
dem Hügel liegen, ift noch ein anderes großes und
weites Loch, welches die Indianer Mancapacha Lac-
ca, den Höllenfchlund, nennen. In diefes ift fürch=
terlich hinein zu fehen, fo wohl wegen der Tiefe, als
wegen des fiedheißen Waffers, welches darinn wallet
und ftrudelt. Mit einem Worte, der ganze Hügel
brauſet und zittert Tag und Nacht fo erftaunlich,
daß ich das erftemal ganz erfchrocken bin, und mich
nicht lange auf denfelben aufhalten wollte. Etwann
6 Stunden von diefer großen Heide liegen etliche fehr
hohe Magnetberge, fo, daß man Schlüffel und ande=
res Eifen an felbige hängen kann. Es ift in den

Monaten,

Monaten, wo es hier zu Lande viele Donnerwetter gibt, gefährlich zu reifen. Etwann 12 Stunden noch weiter hinauf giebt es viele Berge, auf welchen zwischen den Felsen und Steinen viele dicke Wurzeln heraus wachsen. Aus diesen machen die Indianer viel Terpentin, den sie wohl verkaufen; zum Feuermachen können die Wurzeln nicht gebrauchet werden, wo man kochen will, weil ihr Rauch alles bitter macht.

Ich komme wieder auf unsere Dorfschaft Juli, und ihre Gegenden. Ob gleich allda weder Weizen noch Wein, oder andere Früchte wachsen, wird ihnen doch alles im Ueberflusse zugeführet. Cochabamba versiehet sie mit vielen und sehr guten Weizen. Diese Stadt ist zwar keine von den größten Städten dieses Reichs, doch ist sie auch keine von den kleinern, und ist sehr wohl mit breiten und geraden Gassen versehen. Lucumpa, Moquequa, Ica, Pisco, und Arequipa, versehen die Oerter des Gebirges mit vielem Wein, Brandtwein, Baumöle, Baumwolle, indianischen Pfeffer, und Baumfrüchten. Die vier ersten Städte sind klein, aber sehr artig gebauet, wo alles im Ueberflusse wächset, Arequipa, oder Arequiva, wie andere schreiben, ist meines Erachtens die schönste Stadt dieses Königreichs: denn ob sie schon nicht so groß, als Lima, von welcher Stadt sie 52 Stunden entfernet ist, so ist sie doch sehr schön mit prächtigen Gebäuden von
Quader-

Quaderſteinen erbauet, hat breite und geráde Gáſ-
ſen, liegt auf einer ſehr angenehmen Ebene an dem
Fluße Chila, über welchen ſie eine ſehr ſchöne Brük-
ke von Quaderſteinen hat. Es werden auf demſelben die Kaufmannswaaren von dem Meere del Zur
bis nach der Stadt gebracht. Sie hat eine prächtige Domkirche ſamt einem Biſchoffe, iſt auch mit etlichen Pfarrkirchen, und wohl erbauten Manns- und
Frauenklöſtern verſehen. Sie hat einen Corregidor,
und wird von vielen ſpaniſchen Familien bewohnet,
die um die Stadt herum viele Landgüter haben, wo
nebſt vielen Baum- und Feldfrüchten der beſte Weizen und Wein gebauet wird. Etliche Stunden von
der Stadt gegen das Gebirge zu, liegt ein ſehr hoher
feuerſpeyender Berg, deſſen Spitze faſt das ganze
Jahr hindurch aus einer großen Oefnung rauchet,
aus welcher ſchon etlichemal viel Feuer hervorgebro-
chen, und ſehr große Erdbeben verurſachet hat.

Der See von Titicaca, der gleich an der
Dorfſchaft Juli liegt, wird für den größten in der
Welt, ſo viel bisher bekannt iſt, gehalten. Er hat
100 Stunden im Umkreiſe, ſo, daß er eher einem
Meere, als einem See gleichet. Sein Waſſer iſt
etwas geſalzen, er iſt zu gewiſſen Stunden des
Tages ſtille, und nachher wallend, wie das Meer.
Er iſt rings herum mit vielen ſehr großen indianiſchen
Dorfſchaften und Marktflecken bewohnet, die alle
M 4

Aymarer

Aymarer sind, und in geistlichen Dingen zu dem
Bißtume von Paz gehören. Er ist sehr tief, und
könnte auch große Schiffe tragen, wenn solche von
den Spaniern erbauet würden, um auf dem See
die Kaufmannsgüter von einem Orte zu dem andern
leichter und geschwinder zu überbringen. Er ist sehr
fischreich. Es erheben sich in diesem See mehr, als
20 Insuln, deren doch nur zwo bewohnet, und angebauet sind, nämlich die Insel von Chucuito, und
die Insel von Copacabana, deren jede drey Stunden in der Länge, und acht im Umfange hat. Auf
die letztere ließ ich mich einmal mit noch andern guten Freunden in einem großen indianischen Nachen,
der künstlich von Binsen und Seerohren geflochten
war, führen. In diesen indianischen Nachen ist so
sicher auf diesem See zu fahren, als in Booten, die
von Holz und Brettern gebauet sind, weil er leichter
von den Indianern gerudert werden kann. Auf
dieser Insel haben wir uns etliche Tage aufgehalten,
und alles in Augenschein genommen, was von dem
Alterthume der Incas noch zu sehen war. So gleich
bey dem Eingange der Ueberfahrt stehen etliche von
Stein wohl erbaute alte Schilderhäuschen, in welchen die Schildwachen stunden, wenn sich der Inca
auf der Insel befande. Auf der Ebene befindet sich
der alte Palast, oder das Stammhaus des ersten
Inca Manco Capac. Dieses Gebäude ist zwar
schon meist zusammen gefallen. Es werden viele
Kühe

Kühe, Rinder, und Schaafe da gezogen, auch viele
Erdäpfel, Ocas, Quinoas, Bohnen, und Mayz,
oder indianisches Korn angebauet. Sie haben auch
allda vielen Rosmarin, Nelken, und andere Garten=
blumen, die von den umliegenden Dorfschaften häu=
fig gekaufet werden, um ihre Altäre in den Kirchen
an hohen Festtagen zu zieren. Gleich bey dieser In=
sel ist noch eine andere, die zwar nicht so groß, aber
eben so fruchtbar angebauet ist. Auf dieser stehet
noch der alte Palast, wo ehedessen die Coya oder
Gemahlinn des Inca gewohnet, wenn sich der König
auf der großen Insel befand. Auf dieser hat heut
zu Tage der Cazike von Copacabana seine Landgü=
ter, die er anbauen lässet, und viel Nutzen daraus
ziehet.

Copacabana liegt auf der Halbinsel dieses Na=
mens, wo die nothwendige Ueberfahrt in die Insel
des Inca ist. Nachdem wir glücklich in dem Hafen
der Halbinsel angelanget, wurden wir allda von
dem Corregidor von Achacáchi, und Caziken von
Copacabana sehr prächtig mit einem Gastmahle em=
pfangen, und mit einer lustigen Rehjagd ergötzet.
Diese Halbinsel ist mit vielen Landgütern versehen,
und hat eine Menge Schaafe, Rinder, und Kühe,
von welchen jährlich viele frische Butter und Käse
gemacht wird. Der Marktflecken Copacabana ist
groß und wohl erbauet, auch sehr berühmt wegen
einer großen Wallfart, die aus allen reichen Provin=

zen,

zen, Städten, und Dorffchaften des ganzen füdli-
chen America mit reichen Opfern, und großer An-
dacht dahin angeftellet wird. Die Kirche, welche
unter der Obforge der Herren Auguftiner ftehet, ift
fehr fchön. Das Bild der Mutter Gottes ift mit
vielem Gold, Silber, Diamanten, und andern
koftbaren Steinen ausgezieret. So wohl in den zwo
Infeln des Inca und feiner Königinn, als auf der
Halbinfel von Copacabana, und andern herumlie-
genden Orten diefer Gegenden wird mehrmalen von
den Indianern, wenn fie ackern, viel Gold gefunden, welches die alte Einwohner vergraben haben,
damit es nicht in die Hände der Spanier kommen möchte. Zu meinen Zeiten ift auf der Infel des Inca
von einem Indianer ein goldenes Bild heraus ge-
ackert worden, welches einen Indianer auf einem
Steine fitzend vorftellte. Es war fehr künftlich ge-
goffen, und fein ausgearbeitet. Der Indianer
brachte es dem Gouverneur, der ihm 100 harte
Thaler aufzählte, und das Bild dem Unterkönige
nach Lima fchickte, der es nach Madrid an den König
überfendete, wo es in die königliche Schatzkammer
gebracht wurde. In eben diefen Gegenden war vor
etlichen Jahren ein Gouverneur, der fehr gewiffen-
haft, und meitleidig mit den Indianern umgieng,
und fie nicht mit vielen Anlagen, wie es andere zu
thun pflegen, beläftigte, und ausfaugte. Dadurch
gewann er die Herzen der Indianer fo, daß die Caziken

ken ihn gemeiniglich, wenn ihre Weiber mit einem
Sohne entbunden wurden, zu Gevatter gebetten haben. Da nun die fünf Jahre seiner Regierung verflossen, und er mit seiner Familie wieder nach
Spanien zurück reisen wollte, war er ganz betrübt,
weil er wegen seiner Gutherzigkeit gegen die Indianer sich wenig Reichthum in Indien gesammelt
hatte. Die Caziken, seine Gevatterleute, merkten
solches, und sagten ihm, er solte gutes Muthes
seyn, er werde nicht so leer, als er es sich vielleicht
einbilde, nach Spanien zurück kehren; er sollte nur
getreue Indianer bestellen, so viel er wollte, die
wohl mit Stricken versehen wären; sie wollten zu
Mitternacht kommen, und ihn an ein Ort führen,
wo ein großer Schatz von Gold vergraben liegt,
von welchem sie ihm so viel geben wollten, als er
verlangte. Der Gouverneur hielt sich an ihre Worte, bestellte alsobald 10 bis 12 Indianer, und erwartete sie zu bestimmter Zeit. Die Caziken kommen
nach ihrem Versprechen zu Nacht gegen zwölf Uhr
zurück, verbanden dem Gouverneur die Augen, und
führten ihn eine halbe Stunde durch Umwege, bis
sie endlich an einen Ort kamen, wo sie etliche große
Steine abwälzten, und ihn mit sich in ein unterirdi-
sches Gewölbe führten. Allda öffneten sie ihm die
Augen, und zeigten ihm das Gold, welches gleich
Backsteinen aufeinander lag, sagten ihm zugleich, er
sollte so viel davon nehmen, als ein jeder Indianer

tragen

tragen könnte. Als dieses geschehen, verbanden sie
ihm wiederum die Augen, führten ihn also aus dem
Gewölbe hinaus, wälzten die großen Steine vor
das Loch oder Thüre desselben, und begleiteten ihn
bis nach Hause, wo sie ihm das mitgebrachte Gold
einhändigten. Der Gouverneur, der mit diesem
Reichthume glücklich in Spanien anlangte, eröfnete dieses alsobald, wie es seine Schuldigkeit war,
dem Könige, welcher sogleich dem Unterkönige von
Peru Befehl zuschickte, er sollte allen möglichen Fleiß
anwenden, diesen Ort von den Indianern auszu-
forschen; allein es war alles umsonst bis auf die
heutige Stunde. Sie läugneten alles, und wollten
von solchem Schatze nicht wissen.

Ich komme wieder zu unserem großen See zurück. Auf diesem sah ich mehrmalen die nämlichen
Wolkensäulen, die das Wasser von dem See in die
Wolken hinaufziehen, auf die nämliche Art, wie ich
oben bey der Seereise beschrieben habe.

Als ich mich einsmals in meinem Filial befand; so Challabamba heißt, und von Juli 3 Stunden entfernet ist, saß ich gegen Abendszeit, um frische Luft zu schöpfen, nahe bey dem großen See.
Auf einmal erblickte ich ober mir eine dicke und finstere Wolke in dem Himmel, die von der Mitte aus
nach und nach eine dicke und finstere Säule, gleich
einem Mühlbeutel, in den See nahe bey dem Ufer
herabließ. Auf einmal fieng sich in dem Wasser

ein

ein Windwirbel an, der ein so weites und rundes
Loch in das Waſſer machte, daß ich in der Anhöhe, wo ich ſaß, die Steine des Grundes ſehen
konnte. Nachmals fieng die Säule an, das Waſſer hinaufzuziehen, gleich einer Waſſerpumpe, mit
ſolcher Gewalt und Getöſe, daß kleine Kieſel- und
Feuerſteine vom Boden mit dem Waſſer in die Höhe
gezogen wurden. Dieſes dauerte etwann 12 oder
15 Minuten, nach welchen die Wolke nach und
noch die Säule wiederum hinaufzog, und ſich
weiter ausbreitete. Ich eilete geſchwind nach
Hauſe, weil ich Donnerwetter befürchtete, welches
aber doch nicht erfolget iſt.

Drey Stunden von Juli gegen die Stadt Chucuito zu, ſtehet nahe bey dem See ein berühmter
Berg, den man die Herberge oder den Trinkberg
des Inca nennet, weil der fünfte Inca viele Jahre die Aymarer auf demſelben belagert hatte, ſie ihm
unterwürfig zu machen; da er aber ſolches niemals
zu Stande bringen konnte, ſtellte er ſich, als
verlange er mit ihnen ewige Freundſchaft zu ſtiften.
Er ſtellte alſo an einem Tage ein großes Gaſtmahl
an, zu welchem er alle Vornehme der Republik ein-
lud, um Friede und Freundſchaft mit ihnen zu
machen. Da er ſie nun alle aus der Feſtung auf
dieſe Art zu ſich in ſein Lager gelocket hatte, befahl er den Seinigen, ſie ſollten, wenn ſeine Gä-
ſte würden wohl betrunken ſeyn, ſie alle ſo bald

die

die rothe Chicha würde aufgesetzet werden, grau-
sam ermorden, welches auch vollzogen wurde, nicht
ohne großen Nachtheil der Ehre dieses Fürsten.
Dieser Berg stehet gerade gegen den andern Suli-
pucára genannt, hinüber, auf welchem die Festung der Aymarenser war. Sie sieht von ferne
einem Palaste gleich, wegen der vielen Figuren,
welche die heidnischen Indianer künstlich in die Felsen hineingehauen. Die Indianer sagen, daß in
diesem Berge noch viele Götzenbilder vergraben liegen. Gleich an dem Fuße des Trinkberges fängt der
künstliche Weg des fünften Inca Capac Yupanqui an,
den er eine Stunde lang über einen Arm des großen
Sees führen ließ, um in seinen Reisen den Umweg von vier Stunden zu vermeiden. Diese ist
von vielen enge aneinander gelegten Steinen gemacht, die unten mit vielen Löchern oder Ca-
nälen versehen sind, wo das Wasser des Sees von
einer Seite zur andern geleitet wird. Oben ist der
Weg mit Sand und Erde so eben und hart gemacht, daß es eine Lust ist, über solchen zu reisen. Alles ist allda voll Seevögel. In diesen
großen See fließen ringsherum viele Flüße hinein,
deren etliche sehr groß sind, und ihn Wasserreich
machen, welches er durch einen Canal, den die
Spanier el Desaguadero nennen, wiederum von
sich giebt. Denn da machet der See einen sehr
tiefen und stille gehenden Fluß, welchen er auf 60

Stun-

Stunden fortführet. Allda macht es den See
Parla, in welchem sich das Wasser unter der Erde verlieret, ohne daß man bisher hätte
ausforschen können, wo es wieder hervor-
komme.

Gleich bey dem Einflusse des Desaguadero befindet sich eine sehr berühmte Brücke, welche aus
vielen großen von Binsen und Seerohren künstlich geflochtenen Schiffen bestehet, deren eines mit dem andern wohl zusammen gebunden ist. Oben ist die
Schiffbrücke mit dick zusammen gelegten Binsen und
Seerohren belegt. Sie hat 4 bis 5 Schritte in der
Breite, in der Länge aber mehr als funfzig, so lang
nämlich der Fluß ist. Ueber diese Brücke werden
Pferde und Maulthiere an der Hand geführet, die
Waaren aber auf den Rücken der Indianer auf die
andere Seite gebracht.

Allda wird jährlich unter dem freyen Himmel
ein sehr berühmter Jahrmarkt gehalten, wo sich viele Kaufleute von den umliegenden Städten und Marktflecken versammlen, und ihre Kaufmannswaaren verkaufen. Er fänget an dem ersten Tage des Monats
Julius an, und dauert fast 4 Wochen, zu welcher
Zeit alle Caziken der Provinz von Chucuito mit ihren Indianern allda erscheinen müssen, welche selbi-
ges Jahr die Ordnung trift, nach Potosi zu gehen,
allda in den Silberminen zu arbeiten, weil zur näm-

lichen

lichen Zeit allhier alle in Gegenwart des Gouverneurs die Mufterung paßiren müſſen, um alsdann
mit ihren Capitánen von dannen ihre Reiſe nach Potoſi fortzuſetzen.

Dieſe wegen ihrer reichen Silberbergwerke in
der ganzen Welt berühmte Stadt iſt die größte
in dem Königreiche Peru, und wird von Spaniern, Americanern, und Ausländern ſtark bewohnet. Ihre Gegend iſt rauh, unfreundlich, kalt, und
unfruchtbar, weil auf 3 biß 4 Stunden rings herum kaum ein grünes Gräßlein oder Staude angetroffen wird. Dennoch iſt allda wohl zu leben, weil
ihnen anders woher alles in Ueberfluſſe zugeführet
wird. Sie hat 14 Pfarrkirchen, viele Mannsklö-
ſter, und ein Frauenkloſter der heiligen Thereſia.
Etwann 30 Stunden von Potoſi liegt am Fluße Pil-
comayo die Stadt Plata oder Chuquiſàca, welche die
Hauptſtadt der Provinz Charcas iſt. Sie wurde
von den Spaniern erbauet. Es befindet ſich allda
ein ſpaniſches Gericht, welches ſie la Audiencia de
los Charcas nennen, dem ein Präſident mit ſeinen
Räthen (Oydores) vorſtehet. Es wohnet auch
ein Erzbiſchof da, der jährlich achtzig tauſend harte
Thaler Einkommens hat. Die Stadt iſt ſchön erbauet, aber nicht ſo groß, als Potoſi, Lima, oder
Cuzco. Sie iſt ſehr volkreich, hat eine angenehme
geſunde, wohltemperirte Luft, und ihre Gegend iſt
ſehr fruchtbar an Weizen, Gerſten, Obſt, und
Wein,

Weintrauben. Es giebt auch daselbst in dem Berge, welchen sie Porco nennen, reiche Silberadern, die aber, nachdem die bey Potosi entdecket worden, heut zu Tage nicht mehr geachtet werden.

Nachdem ich 14 Jahre lang in den Gegenden von Juli in dem Weinberge des Herrn gearbeitet hatte, wurde endlich nach und nach meine Gesund-heit dermaßen geschwächet, daß mich mein Oberer nach Paz abschicken muste, wo ich auch gerne hinreisete, weil allda nebst der spanischen Sprache keine andere als die Aymara von den Indianern gesprochen wird, welche so wohl in der Stadt, als in den umliegen-den Gegenden mit den Spaniern vermischet wohnen. Diese Stadt, welche von den Indianern Choquiya-pu, der Goldmeyerhof, benennet wird, liegt zwischen vielen Bergen, von welchen sie gänzlich um-geben wird, an einem Bache, der nach zweyen Stun-den weiter hinab in einen schon großen Fluß erwäch-set. Sie ist zwar nicht groß, aber doch wohl er-bauet mit breiten Gassen, und schönen Häusern, die inwendig mit vielen Gemälden und prächtigem Haus-geräthe ausgezieret sind. In der Mitte hat sie einen großen und breiten Markt, wo ein schöner Spring-brunn rauschet, der vom weißen Steine von Peren-guela gemacht ist. Nebst der Domkirche hat sie drey Pfarrkirchen, 5 Manns-und 3 Frauenklöster.

N   Sie

Sie ist sehr volkreich, und hat viele sehr reiche Kaufleute, und Einwohner. Die weltliche Regierung hat der Gouverneur mit dem königlichen Schatzmeister; die Geistliche aber der Bischoff, der allda wohnet, und jährlich 30 tausend harte Thaler Einkommens hat. Hieher kommt alles Gold, welches in den umliegenden Bergwerken gegraben, oder aus den Flüssen zu Tipuani, die reich von Goldsande sind, herausgenommen und allhier in Goldstangen gegossen wird, wo es die Güte samt den Werth der Feinheit des Goldes bekommt.

Drey Stunden von der Stadt Paz, liegt der berühmte Goldberg Illimani. Dieser ist sehr hoch, so daß ich ihn von den Gegenden von Juli, die doch mehr, als 50 Stunden entfernet sind, bey heiterem Himmel gesehen habe. Er ist von oben an bis fast an seinen Fuß das ganze Jahr hindurch mit Schnee bedeckt, und macht die Luft der Stadt Paz auch rauh, und unfreundlich. Ich habe allezeit 8 Stunden wegen der schlimmen und vielen Umwege vonnöthen gehabt, wenn ich in seine Gegenden zu Pferde oder auf Maulthieren wegen geistlicher Verrichtungen reisen muste. Gleich bey dem Fuße dieses hohen Schnee- und Goldberges, wo nur ein Fluß, der kaum 20 Schritte breit ist, dazwischen flieset, fangen die hitzigen Gegenden von Tirata an, wo ich

allezeit

allezeit vermeinte, wenn ich dahin gelangte, ich wäre
wegen der grossen Sonnenhitze an die Gränzen der
Hölle gerathen. Es wächset in diesen Gegenden
von Tirata nebst den besten sowohl europäischen, als
americanischen Feld = und Baumfrüchten, der beste
Wein, den man für den vornehmsten in Peru schäz=
zet. Nachdem ich in der Stadt Paz meine vorige
Gesundheit wiederum erhalten hatte, unterredete ich
mich mit meinem Obern dieses Orts, der 20 Jahre
lang dem Heile der Seelen unter der Völkerschaft,
die man Chiquitos nennet, oblag, und beschloß, mit
ihm nach seiner Dorfschaft Buenavista zurück zu keh=
ren, um einen Versuch in die Völkerschaft der Chiri=
guanos zu wagen, von welchen Heiden er schon 800
Seelen zum wahren Glauben bekehret hatte; allein
da ich mich mit ihm schon reisefertig machen wollte,
und anfieng, von ihm die Sprache dieses Volkes zu
lernen, wurde er zu Lima von der Provincialver=
sammlung zu einem Procurator nach Madrid und
Rom erwählet, wodurch unser Vorhaben verhindert
wurde. Die Chiquitos, wie auch die Moxos
Baures, und noch andere Völkerschaften, die sich in
diesen Gegenden befinden, sind schon zum wahren
Glaubenslicht durch den apostolischen Eifer der Je=
suiten gebracht worden; die Chiriguanos aber,
Mowimas, und noch viele andere mehr, die in die=
sen Gegenden wohnen, sitzen noch in den Finsternis=

N 2   sen

fen des Heidenthums, und find alle abgefagte Feinde der Spanier. Die Chiriguanos, die ganz weiß,
wie die Europäer, und fehr wohl gebildet find, haben eine große Neigung, den wahren Glauben anzunehmen. Sie brachten felbft ihre kranke Kinder,
die fie vermeinen, daß fie fterben würden, und begehrten, wir follten fie taufen, da fie dann folche
nachmals bey uns in unfern Dorffchaften zurück-
lieffen, damit fie, wenn fie vielleicht mit dem Leben
follten davon kommen, chriftlich unter den Neubekehrten auferzogen werden möchten. Sie wollen den
König von Spanien für ihren Schutzherrn erkennen,
was die Glaubensfachen anbelanget, auch mit den
Spaniern in beftändigem Frieden leben, und Han-
delfchaft mit ihnen treiben; nur in ihrer Freyheit
foll man fie ruhig laffen, und fie nicht mit Gewalt
zu Unterthanen machen wollen. Die ganze Landfchaft der Chiriguanos gränzet auf einer Seite an
die Landfchaft Sierra an, deren Hauptftadt Santa
Cruz de la Sierra, oder la Baranca ift, welche die
Spanier bey dem Fluße Guapei erbauet haben.
Sie ift fo fchlecht und klein, daß fie den Namen
einer Stadt nicht verdienet, ob fie fchon einen Bifchoff hat, der zwar nicht hier, fondern in Misqui
wohnet, das auch ein kleines und 3 Stunden von
dem erftern entferntes Städtchen ift, wo die Luft
gemäßigter, und Wein und andere Feld- und
Baum-

Baumfrüchte wachsen. Auf der andern Seite gränzen die Chiriguanos an die Völkerschaft der Chiquitos an, welche die erstern sehr fürchten, weil sie
alle schon Christen sind, in dem Felde sich als tapfe-
re Männer zeigen, und die Spitze ihrer Pfeile, die
sie sehr sicher abschießen, mit einem so starken Gifte
bestreichen, daß, wenn sie nur ein wenig ritzet, der
ganze Leib des Verwundeten aufzuschwellen anfängt,
so, daß er in wenig Stunden zerborsten muß. Die
Chiquitos allein wissen dieses so starke Gift zu machen; sagen es aber niemand, auch sogar ihren
Seelsorgern nicht. In diesen Gegenden, etwann
eine Tagreise von der Dorfschaft Buena Vista befindet sich ein See, von welchem mich der oben gemeldete Jesuit, mit dem Zunamen Iurado genannt,
der sich allda 20 Jahre lang befand, versicherte,
daß kein Indianer sowohl von den Chiquitos, als
Chiriguanos, zu bereden wäre, sich diesem See zu
nähern, weil sie sagen, daß, wenn sich jemand un-
terstünde, der See sich auf einmal mit einem erschrecklichen Getöse und Wuth Haushoch erhebe,
und aus seinen Schranken trete. Zwo Stunden
von der Stadt Santa Cruz de la Sierra ist der berühmte Fluß Mamorè, der größer und breiter, als
unser Rhein ist. Auf diesem reiset man zu den Völkerschaften der Moxos, Baures und anderer Indianer, deren schon viele zum wahren Glauben von den
Jesuiten gebracht worden.

Die

Die Indianer dieser Gegenden sind alle vortrefliche Bogenschützen, so, daß sie mit dem Pfeile auch einen Vogel im Fluge, gleich unsern Jägern herabstürzen, wozu sie von ihren Aeltern von Kindheit auf unterwiesen, und beständig geübet werden. Sie sind sehr grosse Liebhaber der Musik, und lernen mit leichter Mühe alle musikalische Instrumente, wenn sie von guten Lehrmeistern wohl unterwiesen werden. In Schlosser-Drechsler-Schreiner-und andern mechanischen Arbeiten sind sie heut zu Tage sowohl unterrichtet, daß sie den europäischen Künstlern nichts nachgeben, und alles mit leichter Mühe nachmachen, was ihnen von Europa schön, niedlich, und künstlich in mechanischen Arbeiten vorgelegt wird, so, daß man keinen Unterschied machen kann, absonderlich, da sie die schönsten und vortreflichsten Hölzer dazu in ihren Wäldern im Ueberflusse haben. Die Weibsleute arbeiten sehr fein, und künstlich in Baumwolle. Sie verfertigen aus dieser nicht allein ihre, und ihrer Kinder, und Männer Kleidung, sondern machen auch aus solcher die feinsten Servietten, Tisch-und Handtücher, die gewißlich auf fürstliche Tafeln könnten gelegt werden. Aus der Baumwolle, die von Natur braun ist, machen sie sehr feine Hals-und Schnupftücher, nebst andern guten Zeugen, die sie nachmals nach ihrem Belieben sehr gut und fein färben, absonderlich die Tischteppiche. Silber
und

und Gold wird allda nicht geachtet, sie kennen auch
keine Geldmünze, sondern treiben mit andern Völkern
ihre Handlung mit Waaren. Sie bauen sehr
viel und guten Reiß, und indianisches Korn im
Ueberfluße, aus welchem sie sehr gute Torten machen,
die aber gleich aus der Röhre oder Backofen müßen
warm gegessen werden. Sie haben zwar schon mehrmalen sich von Peru Weizen bringen lassen, und denselben ausgesäet, der alsobald wohl und schön auf-
gewachsen, aber niemals Körner gegeben, deswegen
wird ihnen von Peru vieler Zwiback jährlich überschicket. Man kann sowohl den kleinen als großen
Indianern keine bessere Schenkung geben, wenn sie zu
uns herauskommen, und ihre Waaren auf den Flüssen in großen Nachen bringen, als wenn man ihnen
ein Stück Salz giebt, mit welchem sie gleich auf das
Maul zufahren, und solches mit größter Begierde,
wie den besten Zucker, essen.

Sie wissen das Wachs wohl zu bleichen, und
sehr weiß zu machen, und versehen mit selben das
ganze Königreich.

Da ich mich eben reisefertig machte, wieder in
die Mission zurück zu gehen, kam der neue Bischoff
von Santa Fe in Neu Granada, wo er Domdechant
war, an, der mich nach etlichen Wochen zu seinem

Beicht-

Beichtvater begehrte, und mir das Decret eines Examinatoris Synodalis seines ganzen Bißthums zuschickte. Er war zwey Jahre älter, als ich, ein Menschenfreund, und sehr fromm, und gelehrt. Sein Name war Don *Gregorio de los Campos.* Er hatte in diesem seinen Bißthume jährlich 30 tausend harte Thaler, von welchen er auch jährlich die Hälfte unter die Armen seines Bißthums austheilen ließ.

Er visitirte jährlich etwas von seinem Bißthume in eigener Person, so, daß er nach den Satzungen der Trdentinischen Kirchenversammlung alle zwey Jahre mit der Visitation seines ganzen Bißthums fertig wurde. Von den Pfarrherren nahm er nicht das geringste, auch nicht einmal ein Licht, umsonst an, und wenn die Indianer ihm Baum- und Feldfrüchte brachten, bezahlte er solche reichlich; den seinigen aber befahl er, nichts anzunehmen unter der Strafe des grösseren Kirchenbannes, dessen Lossprechung er sich vorbehielt. Ich muste mit ihm in die Landschaft von *Yuncas* reisen, wohin niemal ein Bischof gekommen ist, um allda den neubekehrten Indianern die Firmung mitzutheilen. Dahin zu reisen, musten wir viermal in vier verschiedenen Oertern die höchste Berge des Andengebirgs übersteigen, die das ganze Jahr mit Schnee bedeckt liegen. Auf der Spitze derselben entdeckten wir allezeit, so weit nur unsere Au-

gen

gen reichen konnten, die weitschichtigen Landschaften
der noch nicht bekannten so genannten Amazonen.
Diese liegen sehr tief, und ist alles voller Waldungen, doch mit vielen Bergen, die auch voll davon
sind, vermischet. Sie haben gegen Osten das
Königreich Brasilien, gegen Westen Peru, gegen
Norden den grossen Fluß Marañon, und gegen
Süden die Landschaften der Moxos und anderer Indianer. Nach überstiegenen ersten Schneebergen kamen
wir an den Fuß eines sehr hohen Berges, aus dessen
zerschmolzenem Schnee sich ein kleines Bächlein formiret, welches wir mit den Füssen überschreiten konnten: und dieses ist der wahre Ursprung des in der
Welt so berühmten Flusses von Paranà, den die
Spanier el Rio de la Plata nennen, und der bey
Buenos Ayrés in das Meer fliesset. Nachdem wir
uns in dieser Landschaft von Yuncas, deren Wege
sehr beschwerlich und gefährlich sind, hin und her ver-
fügt hatten, gedachten wir wieder nach Paz zurück zu
reisen, um allda etliche Wochen auszuruhen.

Da wir nun von Yuncas wieder gesund zu Paz
angelangt waren, kam unverhofft den 28 August, 1768
der trauervolle königliche Befehl, daß alle Jesuiten
innerhalb 24 Stunden alle spanische Staaten räumen
sollten. Der Gouverneur der Stadt, der uns von
Herzen liebte, mußte solches auf alle Weise und Wege

N 5   geheim

geheim halten. Er befahl, alle Stadtmiliz follte mit
ihrem Gewehr um 8 Uhr Nachts bey feinem Hauſe
erſcheinen. Nach dieſem umrang er mit ihnen unſer
Haus in aller Stille. Bey anbrechendem Tage, da
die Pforte eröfnet wurde, gieng er mit feinen Offi-
ciren hinein, und ließ alle in das Zimmer des Obern
rufen, wo er uns das königliche Decret vorlas.
Nach dieſem begehrte er auch, vermöge eines andern
königlichen Befehls, alle Schlüſſel des Hauſes, und
ſchickte uns das Eſſen von der Stadt hinein, die Kir-
chenthüren aber und Pforten wurden verſchloſſen, und
mit der Stadtmiliz Tag und Nacht bewachet.

Den 30ſten Auguſt, als an dem Feſte der heiligen Roſa von Lima, laſen wir die letzten heiligen
Meſſen in unſerer nun verſchloſſenen Kirche, unter
welchen wir ſowohl die großen als kleinen heiligen
Hoſtien conſumirten, und die ſilberne und gol-
bene Gefäſe, wo ſie aufbehalten wurden, ausleerten.
Alles Gold und Silber wurde aus der Kirche in
ein beſonders Zimmer des Hauſes gebracht, und verſchloſſen, deſſen Schlüſſel der Gouverneur zu ſich
nahm. Es waren die heiligen Bildniſſe der Kirchen
erbärmlich anzuſehen, da ſie ohne alle Zierde da ſtun-
ben. Der Biſchoff, wie uns ſolches der Gouverneur
ſelbſt verſicherte, fiel etlichemal vor Bekümmerniß in
Ohnmacht. Den 31ſten Auguſt früh brachen wir

in

in der Nacht von der Stadt Paz auf, um das Getöse, Jammern, und Schreyen der Einwohner nicht
zu hören; allein wir wurden von den Hunden verra-
then, die mit ihrem beständigen Bellen alle Inwohner aus dem Schlafe erweckten, die an ihre Fenster
liefen, und zu heulen, jammern und schreyen anfiengen, welches wir noch ausser der Stadt vernah-
men, bis wir auf die Anhöhen der umliegenden Berge
kamen, wo der Gouverneur und andere Herren uns
das letztemal mit weinenden Augen umarmten, und
uns eine glückliche Reise wünschten. Wir reisten mit
unserem Kapitain und Stadt-Miliz nach Oruro;
diese war ohne alles Gewehr. Wir langten endlich
nach 12 Tagen in Oruro an, wo wir bey den Augustinern einquartiret wurden. Diese kleine Berg-
stadt ist in einer sehr kalten und rauhen Gegend erbauet, an dem Fuße etlicher sehr berühmten Silberberge, welche in vorigen Jahren sehr viel Silber gaben, so, daß zu selbigen Zeiten fast nichts mehr aus
den Bergwerken zu Potosi gemacht wurde; aber heut
zu Tage sind sie sehr ins Stecken gerathen. Nachdem
wir uns in dieser Stadt 8 Tage aufgehalten, setzten
wir Nachmittags unsere Reise bis zu einem Meyerhofe der Jesuiten fort, wo wir über Nacht blieben.
Folgende Tage machten wir einen Weg von mehr,
als 14 Stunden, und wurden auf einer Schiffbrücke
über den Ausfluß des grossen Sees in eine Dorf-

schaft

ſchaft übergeſetzet, wo wir unſer Mittagmahl hielten.
Gegen Abend gelangten wir nach 2 Stunden an eine
groſſe Dorfſchaft, welche an dem Fuße eines hohen
Berges liegt, wo viel Gold gegraben wird. Der
Herr Pfarrer des Orts gaſtirte uns ſehr wohl.

Wir reiſeten am folgenden Tage 12 Stunden
bis an einem indianiſchen Meyerhofe, wo wir auch
Nachtruhe nehmen wollten; allein der Pfarrer, deſſen
Dorfſchaft gerade hinüber auf einer weiten und ſehr
ebenen Heide eine halbe Stunde weit erbauet war,
ſchickte uns alſobald einen Indianer zu Pferde, der
uns in ſein Ort führen mußte, wo er uns mit ſchönen Quartiren verſah, und ſowohl ſelbige Nacht,
als folgenden Tag gaſtirte. Von bannen giengen
wir durch eine Einöde von 8 Tagen, wo wir täglich durch hitzige Thäler ſtarke Reiſen machten, und
unter unſern Zelten ſchliefen. Wir erblickten auf
dieſer ganzen Reiſe nichts anders, als etliche indianiſche Hütten auf beyden Seiten, und ſehr viele
Gräber, die von feſt zuſammen geſtampfter Erde
ſo ſtark erbauet waren, daß ſie noch ganz unverletzt da ſtunden, und ſeit mehr, als 500 Jahren
nicht den geringſten Schaden gelitten haben. Endlich kamen wir an die angenehme Küſte des peruaniſchen Ufers. Die erſte Nacht ſchliefen wir in
einem großen Hauſe eines Meſtizen, die zwote in
einem

einem sehr großen und schönen Meyerhofe einer
spanischen Wittwe, die uns alle Ehre erwieß, und
die dritte und letzte in dem großen Marktflecken
von Tagna, wo wir 2 Monat lang aufgehalten
wurden. Von da schickten wir unsern Capitain
mit seiner Stadtmiliz nach Hause, und wurden
die 2 Monate von der Landmiliz des Marktfleckens,
doch ohne Gewehr, bewachet. Der Gouverneur
und Schatzmeister des Orts, schickten uns täglich gutes Essen, sowohl zu Mittag als zu Nacht,
nebst vielem Chocolate. Es kamen allda bey 100
Jesuiten zusammen. Der Ort liegt in einem
angenehmen Thale, der eine sehr gesunde Luft
hat.

Als die zwey Schiffe, eines zu Arica, das andere zu Balcocha anlangten, die uns nach Lima
führen sollten, reiseten einige nach Arica; wir
aber machten unsere Reise zu Lande nach Balcocha
5 Tage lang. Dieser Ort ist sehr armselig, und
lieget drey Viertelstunden von der Dorfschaft Hilo,
deren Filial er auch ist. Sie hat eine gute Kapelle, und etliche Häuser, und Almazenen, oder
Magazine, wo sowohl die Kaufmannswaaren
verwahret, als auch die Reisenden einquartieret
werden. Allda bewirthete uns unser Capitain,
sehr wohl. Die Oliven sind da groß und blau
wie unsere Pflaumen, und werden für die besten
gehal-

gehalten. Alle Victualien werden täglich von
Hilo hergebracht. Der ganze Ort riechet ſehr übel,
wegen der ſtinkenden und haufenweiſe da liegenden
Erde, die von der kleinen Inſel Iquica hergebracht
wird, die Felder und Weinberge in dieſen Gegenden damit zu düngen. Wir haben auch allda viele
Meerigel gegeſſen.

Wir mußten 8 Tage hier warten, bis vier ur-
alte Jeſuiten von Arequipa auf Tragſeſſeln zu uns
gebracht wurden. Zween waren todtkrank, der
dritte ſtockblind, und der vierte war völlig contrakt.
Da nun dieſe vier armſelige Männer ankamen, gieng
unſer Herz mit vielen Schmerzen, unſere Augen aber
mit heißen Thränen über. Wir wurden endlich allda
eingeſchiffet, unſre Reiſe nach Lima zu machen.
Der Capitain, wie es ſeine Schuldigkeit war,
hielt uns ſehr gut und höflich. Sowohl ich,
als andere, die ſchon auf dem Meere geweſen,
bekamen die Seekrankheit nicht mehr; die andern
aber mußten von ſolcher ſehr viel leiden.

Nach 12 Tagen langten wir zu Callao an, wo
wir alſobald gegen Abend mit vielen Halbchaiſen
nach Lima in unſer Profeßhaus überbracht wurden. In dieſem kamen über 400 Jeſuiten zuſammen, und wurden in alle Zimmer ausgetheilet.
Die Pforte war Tag und Nacht durch Soldaten
mit aufgepflanzten Bajoneten bewacht.

Nach-

Nachdem wir uns hier zu Lima in dem Profeßhause zween Monate aufgehalten, bis die Schiffe mit den Kaufmannsgütern beladen waren, wurden 162 Jesuiten, unter welchen auch ich war,
nach dem Schiffe der heiligen Barbara in vielen
Halbchaisen nach Callao gefahren, wo wir an
Bord giengen. Das Schiff war groß, und ehe-
deffen ein Kriegsschiff von 62 Canonen. Der Kapitain war der abscheulichste Mensch und Geizhals
auf Erden. Dieser hielt uns in den 6 Monaten,
da wir bey ihm waren, so schlecht im Essen
und Trinken, daß er uns täglich um 10 Uhr frühe,
jedem nicht mehr, als eine halbe Maaß Wasser
in seinen Krug geben ließ, und zwar auf 24 Stunden. An ein Glas Wein durften wir niemals
gedenken. Nachdem das Fleisch und Gemüße, so er
mit sich führte, nach drey Wochen verzehret war,
gab er uns fast täglich stinkendes und gesalzenes
Fleisch. Dee König bezahlte ihm für jeden Jesuiten 162 harte Thaler Kostgeld, welches zusammen
gerechnet, 16244 Thaler machte, da er doch
kaum 3 bis 4 tausend auf uns wendete. Sogleich
bey unserer Ankunft zu Cadiz, wurden wir auf
dem Schiffe von den Offizieren des Königs be-
fraget, wie wir von ihm wären gehalten worden,
und da wir ihnen alles rundheraus erzählet hatten,
auch die Steuermänner und Matrosen es einstim-
mig

mig bekräftigten, wurde er alsobald mit Soldaten
in den Kerker auf 8 Tage geführet, seine Waaren aber, absonderlich der viele gute Wein, welchen dieses Ungeheuer von dem Unterkönige zu Lima allein für uns bekommen hatte, wurden öffentlich zu Cadix auf dem Markte verkaufet.

Ich kehre wieder zu unserer Schiffahrt zurück. Im März, 1769 segelten wir mit günstigem Winde in das große und hohe Weltmeer del
Zur hinaus. Nach 14 oder 15 Tagen verloren wir
die peruanischen Küsten aus den Augen, und kamen an die vom Königreiche Chile, welche schon
ausser der Zona torrida liegt, und die vier Jahrs-
zeiten, wie wir in Europa, hat, doch mit diesem
Unterschiede, daß wann wir in Deutschland Frühling und Sommer, sie alldort Herbst und Win-
ter haben. Das ganze Königreich Chile hat eine
sehr gute, wohl temperirte und gesunde Luft,
viele Gold- und Silberberge, und einen Ueberfluß
an Weizen und Wein, wie auch an allen, sowohl europäischen als indianischen, Feld- und Baumfrüchten. Es hat auch sehr viele schöne Thäler und Heiden, wo sie viele europäische Schaafe, Ochsen,
Kühe, Stiere, Maulthiere, und die schönsten
Pferde ziehen. Sie haben allda viele dürre Kühe-
und Ochsenzungen. Die Hauptstadt dieses Königreichs,

reichs, Santiago de Chile, iſt vor etlichen Jahren durch eine ſtarke Erderſchütterung ſehr übel
mitgenommen worden; iſt aber gegenwärtig wieder
vollkommen nach dem Plane der europäiſchen Städte, hergeſtellet. Sie iſt ſehr groß, hat breite,
lange, und ſchnurgerad geführte Gaſſen, ſchöne
Gebäude, einen Biſchof, und einen Präſidenten
mit ſeinen Räthen. Die Küſte von Chile, fänget gleich oben bey Coquimpo an, einem kleinen
Städtchen, das einen Seehafen hat. Sodann gehet ſie fort bis Valparanſo. Nach dieſem Seehafen gehen jährlich viele Schiffe von Lima, um
allda Weizen und guten Wein von Chile einzukaufen, weil dieſer beſſer iſt, als der von Peru.
Nach dieſem Seehafen kommt die Stadt la Con-
cepcion. Sie iſt mittelmäßig, und hat einen Biſchof, der in der Stadt wohnt; der Gouverneur
hingegen wohnt in der Citadelle. In dieſen Seehafen fahren alle Schiffe ein, die von Europa
nach Lima gehen, theils auszuruhen, theils die
Leute von dem Scharbock zu curiren, theils fri-
ſches Fleiſch und guten Wein einzukaufen, der
allda am beſten wächſet. Endlich ſchlieſſet ſich die
Küſte von Chile mit der Citadelle von Valdivia,
wohin nur allein die Maleficanten von Peru und
Chile geſchicket werden. Bey dieſer Küſte haben
wir täglich ſehr viele Seevögel angetroffen, die ſo

O groß

groß als eine Ente, und schneeweiß am ganzen Leibe sind, auf den Flügeln aber haben sie schwarze
und weisse viereckige große Tupfen, so regelmäßig, wie an Dambrettern, daher sie Tableros
von den Spaniern genennet werden.

Nach zurückgelegtem Königreiche Chile kamen
wir an die große Insel Chiloe, wo zu Castro der
Gouverneur residiret. Endlich kamen wir an
Magellans Meerenge, wollten aber durch solche
wegen der vielen Gefahren, nicht seegeln, sondern
fuhren bis auf den 62sten Grad Südbreite gegen
den Polum Antarcticum hinauf, um sicherer, wenn
ein Sturmwind sich erheben sollte, das Cabo del
Fuego zu überfahren. Wir mußten in diesen Gegenden eine sehr grosse Kälte ausstehen, und sahen
die Sonne nur etliche Stunden, wo sie sich gleich
wieder verbarg. Es war der Anfang des May-
monates. Wir richteten das Schiff gerade gegen
Osten, um das Cabo del Fuego vorbey zu fahren,
welches uns auch den 12ten May zu größter Freude glückte. Wir stimmten das Te Deum Laudamus, und Salve Regina zur Danksagung an. In
diesen Gegenden ist 5 Jahre zuvor ein Schiff,
so von Cadiz nach Lima gieng, an einen Felsen
angepresset, und auf solchen stecken blieben. Die
Schiffleute retteten sich alle, und erkannten, daß
es

es die Insel del Fuego sey. Sie retteten auch sehr viele Waaren des Schiffs, und wurden von den Einwohnern täglich besuchet. Währender Zeit, die sie allda zubrachten, eine neue Balandra, oder Transportschiff zu erbauen, ließ sich niemals eine Weibsperson sehen.

Den 15ten May um 10 Uhr Nachts erhub sich ein erschröcklicher Sturm, deren ich noch keinen so stark erfahren hatte, so daß wir aus unsern Bettern stürzten. Er dauerte bis zum 30 May. Am folgenden Tage war das Meer ganz still, und wir hatten 2 Monate lang einen sehr günstigen Wind, so daß wir Monte Video, Buenos Ayres, Rio de la Plata, und die ganze Küste von Brasilien glücklich vorbeysegelten, und endlich bey dem Vorgebirge des heiligen Augustins anlangten. Bey dieser Fahrt hiengen wir zwischen den Mastbäumen etliche noch nicht gebrauchte Leilachen an den 4 Ecken auf. In der Mitte beschwerten wir solche mit etwas, über ein großes Gefäß, deren wir zwey biß drey mit Regenwasser anfüllten, das sehr frisch und gut war, so daß wir diese Tage hindurch unsern grossen Durst, rechtschaffen löschen konnten.

Endlich kamen wir in die Gegenden des Einflußes des Marañon. Nach etlichen Tagen fuhren

wir das zweytemal unter der Zona torrida, und kamen nach ungefähr 8 Tagen an die schwimmenden
Kräuter (Sargasso.)

Als wir uns in dem 34sten Grad Norderbreite
befanden, richteten wir unsern Lauf schnurgerade
gegen Osten, nach den Azorischen Inseln, und
langten in acht Tagen zu Flores und Corvo an.
Wir verließen diese Inseln, wo sich die Schiffe
mit Proviant versehen, wenn sie nach Indien
fahren, und erblickten nach drey Wochen Cadiz,
wo wir Anker warfen. Am folgenden Tage, gleich
bey Sonnenaufgange wurden wir alle auf grossen
Booten nebst unsern Sachen nach dem Hafen de
Santa Maria geführet, und mit vielen andern bey
den Augustinern einquartiret, um von unserer so
langen und aller Mühseligkeiten und Beschwernisse
vollen Reise auszuruhen, und die kalten und rauhen Wintermonate vorbey streichen zu lassen.

Nachdem wir nun sechs Monate lang recht
wohl ausgeruhet hatten, und der Frühling sich
schon näherte, kam ganz unverhofft (1770) von
Madrid die Erlaubniß, daß die 18 deutschen Jesuiten ihre Reise nach Deutschland über Ostende und
die Niederlande machen könnten. Es wurde alsobald ein Schiff, so dahin gieng, bestellet, und

bezahlte der König für einen jeden 62 harte Thaler,
damit der Schiffkapitain uns ſamt unſern Waaren
nach Oſtende überführe. Den 18ten Märʒ wur=
den wir in großen Nachen nach unſerm Schiffe ge=
bracht, und dem Schiffkapitain übergeben. Das
Schiff war von Holland, der Kapitain hieß Andres
Cornells, aus Rotterdam gebürtig. Er war ein
rechtſchaffener Mann, und hielt uns auf dieſer
Reiſe auf das liebreichſte.

Den 19ten Märʒ wurden die Anker gehoben,
und ſehr früh fuhren wir aus dem Seehafen von
Cadiʒ mit einem ſo günſtigen Winde, daß wir in=
nerhalb ʒwoen Wochen die ganʒe Küſte von Portugal
bis an das Vorgebirge Finis terrae umſegelten.
Von da bekamen wir 12 Tage lang einen ſtarken
Gegenwind, der ſchier täglich mit vielem Regen
vermiſchet war, und uns beſtändig gegen Irland
forttrieb; endlich hatten wir doch wieder den vo=
rigen günſtigen Wind. Wir richteten unſern Lauf
gegen England, bis wir endlich vor Oſtende Anker
warfen. Es kam alſobald der Poſthalter, der ein
Bamberger war, auf das Schiff, und fragte
nach mir. Als ich mich ʒu erkennen gab, führte
er mich in ſein Haus, und ʒeigte mir alles Se=
henswürdige der Stadt. Wir fuhren noch ſelbi=
gen Tag mit dem ordentlichen Canalſchiffe nach
Brügge,

Brügge, wo wir nicht bey den Unsrigen, sondern in einem Gasthofe unser Quartier nehmen
wollten. Wir mußten uns allda vertheilen, damit wir nicht in den folgenden Städten den Unsrigen Ueberlast verursachen möchten. Wir kamen
nach Gent, und von da auf dem Schiffe Seiner
königlichen Hoheit des Prinz Karls nach Brüssel,
wo wir auch etlichemal im Noviziathause der
englischen Jesuiten speißten. Von Brüssel
reißte ich mit der Post über Loeven, Lüttich, und
Cölln nach Maynz, und langte, dem Höchsten
sey Preiß und Dank gesaget! im May 1770
über Aschaffenburg und Wirzburg
in Bamberg an.